Kyoto Tower de Asaburo wo

京都タワーで朝風呂を

カツヤマケイコ
Keiko Katsuyama

【目次】

京都タワー風呂(P112)

天塚古墳(P132)

町家 buson(P45)

地主神社(P115)

たわわちゃん(P107)

嵐電(P127)

地主神社（P114）

町家 buson（P45）

家紋職人の島田さん（P63）

安井金比羅宮（P119）

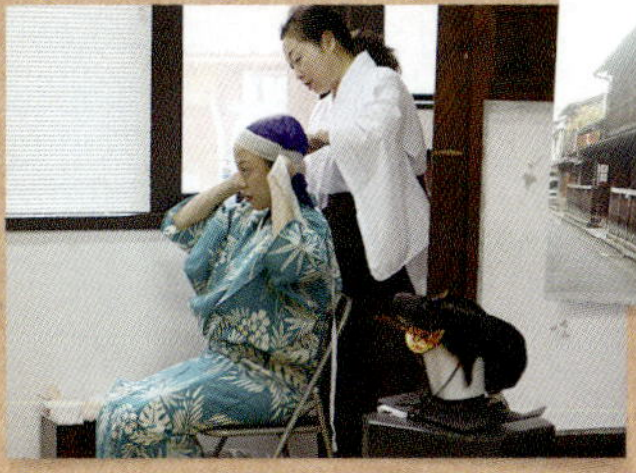

雅ゆき（P48）

島原角屋（P110）

はじめに
この連載のお仕事をいただいたのは4年前。
京都生まれ京都育ちなんだから京都のエッセイマンガくらい描けますよね？
という、Y上氏からの無邪気な1本の電話からでした。
当時、まだイラストの仕事が少なかった私。
もちろんふたつ返事。
描けます！やります！
やらせていただきます！
ーーなんて
実は「京都」に対してなんのうんちくも持っていなかった私…。
な…なんで受けちゃったんだろ…
耳かきのオールで大海に出ちゃったよ。
と、途中何度後悔したことか…。
ま、そんなわけで四苦八苦しながら描いたこのマンガ。
ガイドブックにはない京都を楽しんでいただけたら、と思います！
I ♥ KYOTO

千年の都は
発見がいっぱい！

京都タワーで朝風呂を

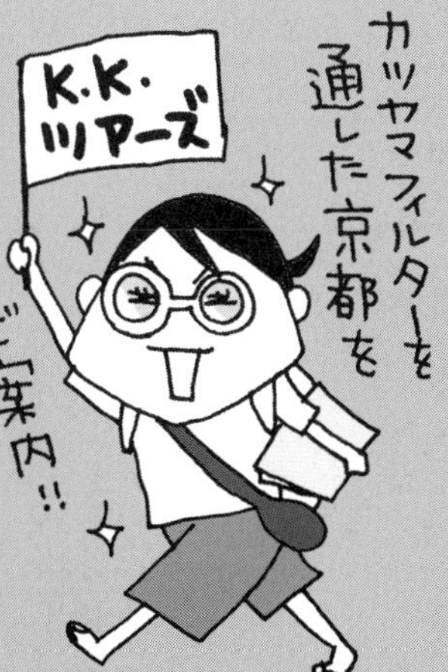
K.K.ツアーズ
カツヤマフィルターを通した京都をご案内!!

其の一
京の言葉
京都ことばと言えば
おこしやす とか
○○どすえ とか
あるけれど…。
使ったことない
私の祖母の世代や花街の世界、老舗の旦那など限られた人しか使ってないと思う。
京都を舞台にしたテレビドラマなどは
そうどすなぁ
言わないって!!
ツッコミなしでは見られない。
余談ですが…
京都のドラマを見ていると父は
イントネーションがおかしいっっ!!
だの
なんで嵐山から鞍馬にワープしてんのやっ!!
きっ
「ドラマなんだから…」と言いたいが、やたらといちゃもんをつける。
まぁまぁ
↑ストーリー全然見てない。
今の若い人達はあまり使わないと思うけど私がたまに使う
えらいおあいそなしで…
って言葉。

これは客人が帰る際
「せっかく来ていただいたのに
充分なもてなしもできず
申し訳ございません」
という意味だけど…
お寿司
お酒
いっぱいしてたやん
？？？
していても言うのだ。
えらいおあいそなしで…
謙遜ですね。京都の言葉には「謙遜」が含まれているものが多い。
料理を出す時も
なんにもおへんけど…
とか
おくちよごしですけど
などと言ってごちそうを出したり。
日常会話の中では
〜はる
は頻繁に使われる。
昔、大阪で働いていた頃
私の父が〜しやはって…
と、上司に言ったところ
新入社員
身内に敬語を使うのはおかしいぞ!!
と言われた。
「〜しやはる」→「〜される」と敬語かもしれないが…
京都人にはそんな意識はナイ。
はあ…スイマセン…
社会人失格？
身内どころか動物にさえ
おさるさんぎょーさんいはるなぁ
と言ったり
植物にだって
キレイに咲かはったなぁ。
とか
お天気にだって
晴れてきはったなぁ
などと
使ったりするのだ!!
知人曰く
"はる"のルーツはアニミズムの精神からきている!!
精霊崇拝!!
のだそうだ。
そうなのか？

よそさん（他府県の人）からすると、妙に丁寧な表現が多いらしい。「お」「さん」をあらゆるものに付ける。
神さん
仏さん
お豆さん
おいもさん
お豆腐
おくどさん
食べ物関係に多い
いただきます
究極は「うんこさん」だけど。
ちゃんとうんこさんしたかー？
あと、よく言われるのが
そんなん食べたことないし
ないし何!?
食べたいの？食べたくないの!?
言葉尻があいまいなまま終わる。
こんな時は「食べたくない」のだ。
けっこうです!!
拒否
千年もの間、支配者が常に変わる京都にあって心にあることを言えない…「言わない」のは京都人の生きる術だったからなのだ。
常にあたりさわりなく!!!
へえ…
考えときます
なんてのは完全に断り文句
後日
考えてくれた？
なんて聞くだけムダ。
先日も友人に
来週演劇観に行くけど一緒にどお？
と聞いたところ…
考えとく
と言われた。
興味ないのか…
他の子さそおーっと
と、京都人ならスグに察するもの。
後日
やっぱり今回はやめとくわ。とメールが。
わかっているので↑気にならない。
最初からはっきり言ったらいーじゃん!!
ーと思うかもしれないけどそれが京都人気質であり京都の文化なのです。
えろおすんまへん

私が意味を間違っていた言葉に
ほっこりした
そのがありますが
フウ。。
「ほっこり」って感じが「ほっとする」だと思っていた。
風呂あがり
一服
本当の意味は「疲れた」で、全く別の意味だとは驚き。
はーっ疲れたーっ
「疲れた」と過去形なので「疲れる」状態を抜け出しているから➡「ほっとしている」。そんなに間違いではないんだけどね。
なんかお茶をのんでるイメージ
ほっこり
最後に
このテーマで描いていてフと思ったこと。
ん？
そういや「京都弁」という言葉はあまり耳にしない。参考のために資料を買いに行っても…
京ことばの知恵
京ことば辞典
「京ことば」の人間関係学
京ことば
それは「京都弁」＝「方言」的イメージが
ものスゴーーク!!
抵抗があるからではないだろうか。
千年の都が終わっても
我、育ちたるは都ナリ。
京都人は京都が「地方」だとは思ってないからかもしれない

其の二 上ル下ル西入ル東入ル

左・右といえば
京都駅から見て右が「左京区」左が「右京区」。
左京区
右京区
御所
これは御所(天皇)から見て右にあるから右京であり左にあるから左京なのだ。
京都御苑
東 左京
西 右京
だからって訳じゃナイけど…
東・西の方がピンとくる
「上ル下ル東入ル西入ル」は住所の表記にもふんだんに使われる。
例えば
京都市東山区高台寺南門通下ル河原町東入ル桝屋町とか。
…って漢文かよっ!!?
ツッコミ
長すぎやしっ!!
めんどくせーっ
私も引越した時、住所を覚えるのに
1ケ月はかかった
えーと
13
16
20
いちいち調べて書く。
…なので手紙を書く時などは端折ります。
京都市東山区桝屋町
えらいあっさり…
しかし!!
TAXIを利用する時や…
伊勢屋町ですか…
それってどこ?
お店を探す時などは…
グルメMAP
町名だけではとーっても不便!!
わがんねーっ
とくに中京区は同じ町名がいくつもあるし…
丸屋町
丸屋町
桝屋町
俵屋町
表屋町
東京や大阪のように電柱や表札に住所が記されていないから余計に…である。
渋谷一丁目17
ここどこ?
北区〇〇〇〇
〇〇〇 〇〇〇
山田太郎
逆に「通り名」さえ知っていれば自分の住んでる町名ですら知らなくても問題はナイ。
〇〇通下ル
〇〇東入ル
これだけで町名書かないことも多い
大げさじゃなくってよ!
ホンマです!

さすがに市内でも昔、都でなかった地域はそうはいかないケド。
名無し
東大路通り
主要な道しか名前ついてないしね…
名無し
さて通り名で場所を説明する場合…。
例えばイノダコーヒー本店
堺町通
ココ
三条通
六角通
堺町通三条下ルとなる。
「三条下ル」でも「六角上ル」でもいいのだが…
三条
六角
どっちもOK!
より近い方またはよりメジャーな通りを言います
目上の人に対しては「上ル」を使う
友人の祖父
と、いう人もいる。
フーン
まず、その建物が面している通りを記し次に一番近くの交差する通りを記す。
後にくる道は「通」をはぶく
堺町通三条(通)下ル。
京都に住むならまず通り名を覚えることをオススメする。
丸《まる》竹《たけ》夷《えべす》二《に》押《おし》御池《おいけ》
姉《あね》三《さん》六角《ろっかく》蛸《たこ》錦《にしき》
四《し》綾《あや》仏《ぶっ》高《たか》松《まつ》万《まん》五条《ごじょう》
【以下略】
北から丸太町通
竹屋町通・夷川通
二条通・押小路通
御池通・姉小路通
三条通・六角通
…と、続いていく。
ちなみに南北の通りの歌もある
覚え歌もあるぞ
ただ通り名の頭をつなげただけだけど
覚えやすい!!
昔、丁稚さんはこの歌を覚えることから始めさせられたという。
おしおいけー
それほど重要なのだ。
また京都の道(とくに中京区)は一方通行が多いので車で来る人に説明するには親切かも。
麩屋町上ルね
北行一方通行
が、ここで危険(?)なのは通り名に「町」がつくものが多いこと。
御池通木屋町下ルって!? どこよ!?
知らない人は混乱すると思う。
このあたり
御池通
三条通
木屋町通
麩屋町通
御幸町通
???
昔木屋町は材木・炭などを扱う店が多く
麩屋町は豆腐やお麩屋が…
両替町
千両
昔の町のつくりがうかがえる
車屋町
ともあれ通り名と表記のルール(?)さえ知っていれば京都を散策する場合、とても実用的だと思う。京都に来られる時は参考にしてみてください。
寺町通三条上ル…
あーあの辺か
トコ
トコ

斜めの道にも弱いけど…。

T字路
こーゆー道も反則だと思います。
×← 突き抜けていない
道がまっすぐに突き抜けていないのは「そこに御所があるから」という理由以外、京都人には認められません。
？
？
御所もないのに突き当たってんじゃねーよ※
なんつって〜！
イラッ
東京の環状道路なんてもう、意味がわかんないよ!!
道が円とな!?

其の三
京町家のハナシ

私は生まれも育ちも京都だけど、だからといって「町家」について詳しいかといえば……
まるっきり詳しくない
自信満々。
私が生まれ育ったのは洛外（都の外）であり
この辺（アバウト）
数十年前までは田畑であったような土地なので近所に「町家」と呼べる家はなかった。
（から仕方ないのだ!! たぶん!!）
洛中
と、いう私のような京都人でも昨今のブームで町家に接する(?)機会は増えました!!
カフェ
美容院
レストラン
一人暮らしを始めて一年半。今でこそ洛中（現在の中京区）の住人になったが、近所には店や住居も含めたくさんの町家があります。
おっ
足はいつもチャリンコ
ステキ♥

余談
イメージってコワイ
以前沖縄へ行った時……
京都からですかーっ
インストラクターの青年
やっぱ家とかテレビでみるよーなとこに住んでるんですか??
いーなーっ
たぶん→町家のコト
全然。フツーの住宅ッス
あっ、そーなんだ…
ちょっとショックそう→
まぁ彼は極端な例かもしれないけれど…そう思う気持ちもわからんではナイ。
私も海外行った時思うコトあるしナー

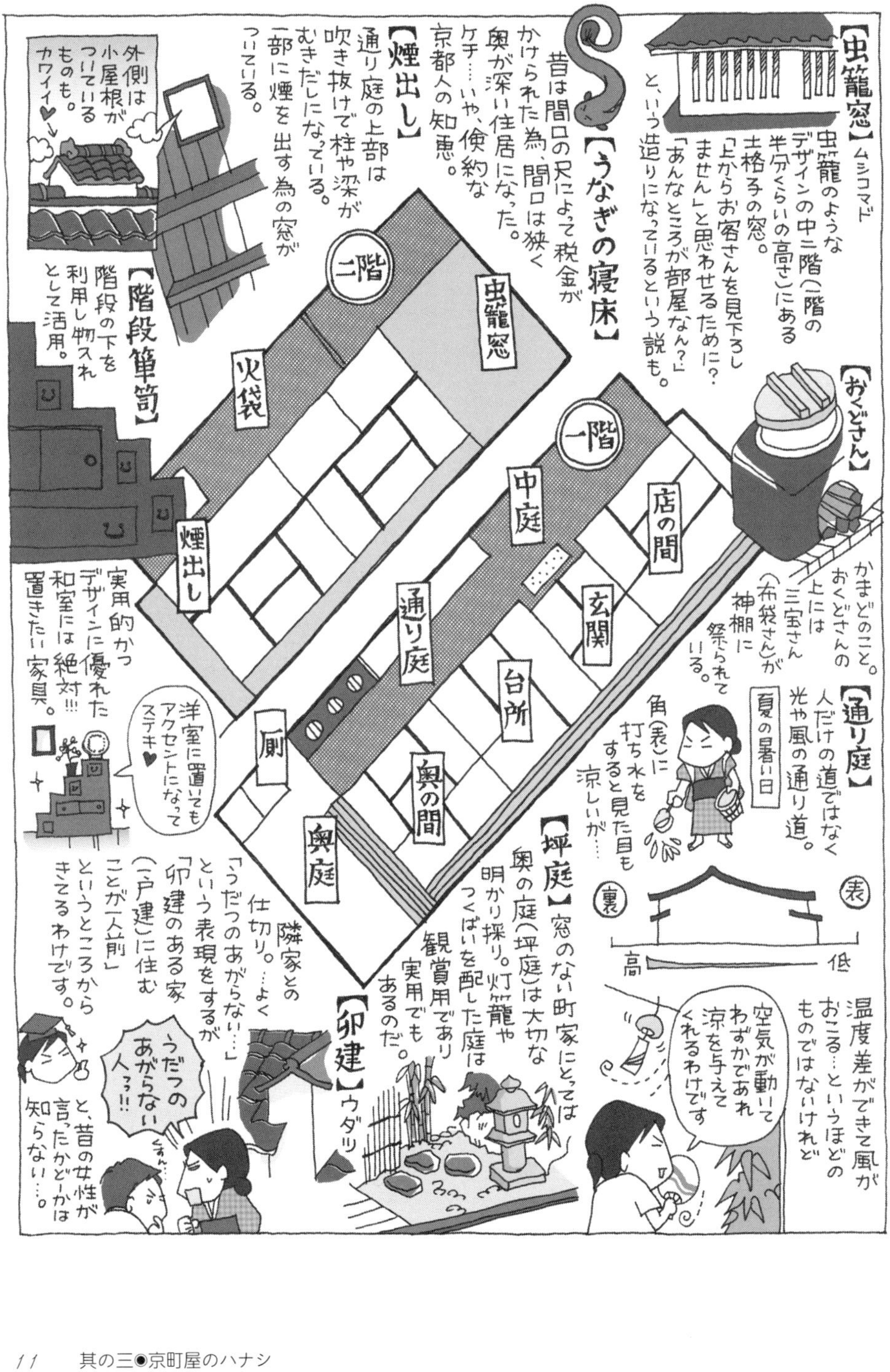
【虫籠窓】ムシコマド
虫籠のような
デザインの中二階(二階の
半分くらいの高さ)にある
土格子の窓。
「上からお客さんを見下ろし
ません」と思わせるために?
「あんなところが部屋なん?」
と、いう造りになっているという説も。
【うなぎの寝床】
昔は間口の尺によって税金が
かけられた為、間口は狭く
奥が深い住居になった。
ケチ…いや、倹約な
京都人の知恵。
【煙出し】
通り庭の上部は
吹き抜けで柱や梁が
むきだしになっている。
一部に煙を出す為の窓が
ついている。
外側は小屋根がついているものも。カワイイ♥
【階段箪笥】
階段の下を
利用し物入れ
として活用。
二階
虫籠窓
火袋
煙出し
一階
中庭
店の間
玄関
通り庭
台所
厠
奥の間
奥庭
実用的かつ
デザインに優れた
和室には絶対!!!
置きたい家具。
洋室に置いても
アクセントになって
ステキ♥
【おくどさん】
かまどのこと。
おくどさんの
上には
三宝さん
(布袋さん)が
神棚に
祭られて
いる。
【通り庭】
人だけの道ではなく
光や風の通り道。
夏の暑い日
角(表)に
打ち水を
すると見た目も
涼しいが…
表
裏
高
低
温度差ができて風が
おこる…というほどの
ものではないけれど
空気が動いて
わずかであれ
涼を与えて
くれるわけです
【坪庭】窓のない町家にとっては
奥の庭(坪庭)は大切な
明かり採り。灯籠や
つくばいを配した庭は
観賞用であり
実用でも
あるのだ。
【卯建】ウダツ
隣家との
仕切り。…よく
「うだつのあがらない…」
という表現をするが
「卯建のある家
(一戸建)に住む
ことが一人前」
というところから
きてるわけです。
うだつの
あがらない
人っ!!
と、昔の女性が
言ったかどーかは
知らない…。

【格子戸】コウシド
一口に格子といっても種類は実に豊富。その形状は職業によって異なるのだ!!
糸屋格子
炭屋格子
米屋格子
規則正しい連続の木のリズムが美しい✦町家の顔である。
【犬矢来】イヌヤライ
犬矢来…犬のオシッコよけなのか？
曲線や直線
竹や杉、鉄など素材も多様。
…というだけではなく、狭い京の道。荷馬車が飛び散らす泥水やほこりから壁や格子戸を守っている。
最近は見かけないけどペットボトルで犬や猫を防止してる家があったけど、あれを置くぐらいなら『オシッコされた方が見た目はマシなのでは!?』と思うのは私だけ？
夏は蒸し暑く、冬は底冷えのする京都の盆地気候。大阪から戻ってくると
うっわーっ やっぱ京都は寒いわーっ
と、つくづく感じるもの。
そんな気候の中で少しでも快適に暮らす知恵が町家には詰まっている。
建具をかえたり
夏の土間は涼しい
夏は夏らしく冬は冬らしく季節を肌で感じながら暮らす生活。
旬のものを味わう舌も変わってきそう。
それを"贅沢"と感じられるかはその人の価値感によるだろうけど。
ま、景観を無視すればエアコンとか取り付けられなくもないしね
エアコン
ドンッ!
室外機
エアコンなし…私はちょっと無理かも…

私は幼小の頃から…
えー
あんな家に住みたいっ!!
母
と、古い家に(別に町家に限らず)並ならぬ憧れを抱いていた。
基準は軒先にアサガオの似合う家!!
当時は新築ご戸建てに住んでました
そして今も…
古い家に住みたいっ!!
散歩するたび近所の物件を物色。
いーねぇ…
山田
ちぇっ住んでるのかーっ
←コラ。
当然、憧れだけでは町家には住めない。
ス・テ・キ♡
入居する前はもちろん住んでからのメンテナンスはたいへんだし…
うう
流れてくれない…
プーン
きーっ
自然の驚異と戦わなければならないし…
プーン
←驚異?
陰でささやく(?)京都人のご近所づきあいだってたいへんなはず!!!
昨日は夜中の3時に…
まあっ
嫁にも行かず…
それをふまえてでもやっぱり一度は昔生活をしてみたくなるのは、日本人…京都人のDNAなのだろうか?
一生、京都離れるつもりないしナーっ
↑これはよく京都人が言うセリフ。
ちなみに町家に住みたい人のために『町家倶楽部』という大家さんと借り手をお見合いさせてくれるサイトや
1日~3ヶ月まで町家暮らしを体験できる『エコハウス町家』なんてのもあります。
町家に興味のある方は一度お試しあれ!!!

其の四
紅葉の見どころ

季節は
秋ですね…。
フッ
秋といえば…
紅葉シーズン!!
いやー自慢じゃないんですけどね…
くすくす
秋の京都は紅葉の名所だらけっっ!!
洛北なら「曼殊院」
洛東なら「真如堂」や「永観堂」
洛西なら「嵐山」「龍安寺」などなど
ところによって最盛期が違うので11月上旬から12月半ばまで
約一ヶ月半は楽しめます
さて、紅葉の時期を感じさせるものと言えば…
？肌寒さ？
否《いな》!!!
Ⓐ京都の主要駅にあふれかえるトレッキングスタイルのおじさんおばさんの群
わら
わら
いるいる…

紅葉の名所といえば『嵐山』。
渡月橋から見る山々の赤や黄色のグラデーションは見もの✦
カラーでお見せできないのが残念
我が祖父が眠る『天龍寺』
えーとここでっせ
曹源池を巡る庭園は嵐山、亀山を借景に秋ならずとも年中自然の美しさを楽しむことができる。
余談ですが
嵐山でボートに乗るとカップルは必ず別れるという…。
ってそんな話どこにでもあるし!!
欲張りな人におススメなのは『哲学の道』➡スタートコース!!!
ここは桜が有名なので
紅葉はあまりおがめませんが
疏水沿いを歩いていくと紅葉といえばココ!!『永観堂』にたどり着く。
春は桜の花びらが水面を埋めて白い道を作る
永観堂にはナント!!三千本ものもみじが植えられているのだ!!
もみじのジュータン…
サク
サク
顔を斜め後ろに傾むけた"見返り阿弥陀"も有名。
←正面
隣にある『南禅寺』は
絶景かな!絶景かな!!
で有名な三門から周辺のもみじを眺めることができる。
石川五右衛門

その後は岡崎まで歩いて美術館へ行くもよし
平安神宮へ参るもよし
岡崎はいちょうがキレイ♥
図書館へ行くもよし…
芸術の秋も読書の秋も堪能したらあとは…
食欲の秋!!
平安神宮の近くにある老舗料亭『六盛』のスフレ専門店でご一服。
ふわふわでおいしい♥
私の一番のオススメは出町柳から叡山電車に乗り鞍馬へ。
実家の最寄り駅
出町柳
終点の鞍馬は紅葉の名所ではないけれど…
温泉アリ
途中の二ノ瀬から貴船の線路沿いに注目っ!!
カタン カタン
紅葉のトンネルをくぐれるのだ
窓が大きく座席が外を向いているパノラミック電車「きらら」に乗ればより景色を楽しめます
まだ乗ったことナイ…今年こそ…
もみじが赤くなるのには日光が大切。だけど気温が高い日が続くとくすんだ色に。
朝晩キリッと冷える寒い日がもみじの赤を鮮やかにする
今年も美しい紅葉に期待!!
楽しみ～♥

✿余談✿
この時期、観光客はもちろんだが修学旅行生も大量発生する。
ワラ
ワラ
写真を頼まれたり…
いきますよーっ
最新のデジカメ…
ちっ
道を聞かれたりなどは日常茶飯事。
都路里《つじり》に行きたいんですケド…
抹茶パフェが有名なお店
ガイド
親切な私は
あーここはかなり並ばないとダメですよー
なんて
マメ情報を教えてあげたり…
この道から行かはった方が…
などと意識的に京都弁をつかい雰囲気づくりをするサービス精神も忘れない。
さて、修学旅行と言えばくだらない土産が大人気
誠
酒
これらは外国人に人気
お菓子はとりあえず"抹茶味"なら京都らしいらしい。
メーカーの地域限定お菓子
パイの実
生八ッ橋
抹茶プリン
木刀なんかも売れちゃったりする。
どーすんだ??
? ?
まぁ学生時代に買うお土産なんて
なぜ!?
なぜこんなものを!?
あわわ…
京都
と後々冷静になって困ってしまうようなものばかりだが。
あーっボクも買いましたよーっ
担
担当のY上氏は金閣寺ですかしの入ったしおりを買ったらしい…。
←金
はぁ…
ビミョーに使えるゾ。

其の五
京土産いろいろ
前回は修学旅行生および外国人観光客が喜ぶベタな(?)お土産をご紹介しましたが…。
京都
今回は大人のあなたの為の京土産をご紹介します!!
オホホ
カツヤマ大人イメージ図。
まぁ私も30になってたいして大人な人間ではないですが…
オホンccc
そこはご勘弁いただき京都人にも人気のもの&私のお気に入りをいくつか。
まずはおいしい物から。
出町柳の「出町ふたば」豆餅
甘すぎないあんと赤えんどう豆の塩加減が絶妙!
実家の近くだったのでたまに母と買いに行きました。
私は行列ができていると5秒であきらめるタチだが…
ヤメ。
いらち
ここは並んでも買う。
だって食べたいし
並びにある岡田精肉店のコロッケもおいしい
あと上賀茂神社の近くにある「神馬堂《じんばどう》」のやきもち
葵餅ともいう

備中小豆を餅で包み両面を鉄板で焼いている。
アツアツは食べたことないけど…
ヤバい!!
冷めてもめちゃおいしい!!
先日も東京在住の方にいただいた。
これ大好物で京都に来たら必ず買うんですよー
すいません
んーなんかヘンな気もするが…おいしいからいっか
売り切れ次第終了になるので、買われる方はお早めに!!
そして寺町御池「亀屋《かめや》良永《よしなが》」
御池煎餅《おいけせんべい》
上品な甘さでふわっと口の中で溶けるような食感がよい
我が家ではよくお返しやお礼の品にしてました。
なじみの味♥
洋菓子なら祇園のアイスクリーム専門店「きなな」
丹波産黒大豆きなこを使ったきなこアイスは香ばしくて美味
近くの方への手土産に持っていきます
友だちとか
スイーツばかりになってしまいましたが…ご存じ錦市場の「三木鶏卵《みきけいらん》」のだし巻き
厳選された材料を使い職人さんが1本ずつ手巻きで作る
卵料理が大好きな私
はずせないっ
あとは嵯峨《さが》釈迦《しゃか》堂《どう》のすぐ近く「森《もり》嘉《か》」の嵯峨豆腐
手間暇かけて作られたお豆腐はツルっとした喉ごし
森嘉
がんもどき
川端康成が小説に書いたことでも有名☆
具がたっぷりのがんもどきも人気

食べ物は知人・友人のお土産にいいけれど
ここは自分にもひとつ!!
何か欲しいところ
自分で食べちゃってるけど…?
長く使える実用的なものをご紹介しましょう
京都で喫茶店といえばココ!!
「イノダコーヒ」のカップセット✧
オリジナルロゴ入り
これはかねてより欲しかったもの値段も手頃だし…
かわいい♥
私事で恐縮ですが結婚でバイトを辞める事になり…。
カツヤマさーん
後輩
お祝いの品ガンプラ*でいいですか?
*「ガンプラ」ガンダムのプラモデル
え゛!!
いや…好き…やけど一応新婚なんだから…ねぇ
ホラもっとあるでしょ
結婚祝いをガンプラにされる私って…。
じゃあ何がいいですかー?
ってことでこのカップセットにしてもらいました。
ホ
喫茶店オリジナルカップといえば「スマート珈琲店」のオリジナルカップも欲しいところ。
ノリタケ製
あと老舗旅館「俵屋」
お宿の方は私なぞとてもとても泊まれるものではないが…
京都最古の宿
すぐそばにある「ギャラリー遊形《ゆうけい》」では俵屋で使われているアメニティグッズが買える。
京都 俵屋旅館
石鹸
タオル
おしょうゆさし
etc…
泊まれぬならばせめてグッズだけでも…。
ちなみに近くには油とり紙で有名な「よーじや」もあるのであわせて(?)どうぞ!

そして京都といえば"舞妓さん。"
舞妓さんや芸妓さんが使う和小物が揃う祇園の「幾岡屋《いくおかや》」
京うちわ
花かんざし
花かご
先斗町 豆千代
花名刺
名前を入れることができる。
舞妓さんや芸妓さんが名刺代わりに使う私
作りたいなー
花名刺…
わしも
えっ!!? あんたが!? 持つの!?
うん。
コク
……。
いや…まぁ個人の自由だしいーけど…
そして京都の学生なら3人に1人は持っている(ウソ)
「一澤帆布《いちざわはんぷ》」のバッグ
文字通り船の帆に使われる布で作られているのでとても丈夫なのだ
バリエーションも豊富!!
どのかばんにも付いているタグがアクセントになっていてかわいい
ひとつひとつ職人さんの手で丁寧に作られてます
京都市東山知恩院前上ル 一澤帆布
一生ものの調理道具が欲しいなら
錦市場「有次《ありつぐ》」
手になじむ包丁は名前を彫ってもらえる
こんなかわいい栓抜きも
あり☑
本当に良いものは流行などに関係なく
いつの時代も多くの人に愛されてゆくのですねぇ…
七味
まだまだ紹介したい逸品はありますが…またの機会に!!

最近お気に入りの京都のお土産。

『ゑびす屋加兵衛』の
矢来《やき》餅《もち》。

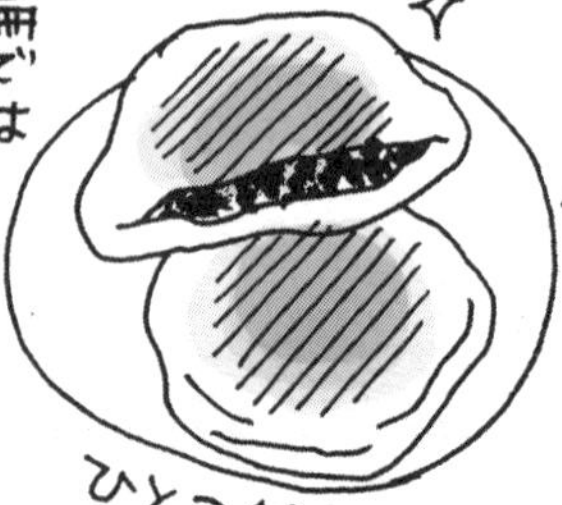

本編では上賀茂の『神馬堂』をご紹介しましたがこちらは下賀茂神社の近くにあります。

名前の由来は下鴨神社にまつわる神話に出てくる"矢"からつけられたんだって

実家が近いので最近はこちらでよく買ってます

『ユリヤ』の
鬼さんしょ。

山椒がふんだんに使われていてケッコウ辛い!!けど旨い!!

食べだしたら止まらないよ〜。危険!!

其の六
京の大衆食文化

『にらみ鯛』お正月三が日の膳に毎回登場しにらむだけで食べないという風習。
じーっ
へーっ
知らなかった…。
京都人歴30年
京都本
ちなみに実家のお雑煮は白みそではありません。(父がきらいなので)
しかももちのみ
ま、そんな訳で高尚な京の食文化を語れるはずもなく…。
白旗
どふーっ
今回は京都の大衆食文化の小ネタをご紹介
『たぬきうどん』
関東では天かす入りうどんのことですが京都ではおつゆにトロミがついたあんかけうどんのこと。
ところが…
大阪のOL時代。従業員食堂で注文したところ…
たぬきくださーい
食券
はいどーぞっ
どん
これは…!? きつねそば!?
なぜに!?
おあげさんののったそばが登場。

そう…同じ関西でも大阪や兵庫、滋賀では
うどん
きつねうどん
そば
たぬきそば
おあげさんののったうどんを「きつね」そばを「たぬき」と呼ぶのであ――る。
おあげが好きなのはキツネじゃん!!
納得いかず。
無知故、うどん気分をそがれた私。
トホホ
ちなみに京都や大阪では天かす入りのうどんを『ハイカラ』と呼ぶらしい。
あと京都ではポピュラーなメニューである『にしんそば』。
実家の年越しそばはにしんです
京都以外ではあまり見かけない。
とろろ
玉子とじ
天ぷら
京都は昔、魚介類に恵まれなかった土地。
ゆえに干し魚が主流であった
身欠きにしん
棒鱈
京都南座横の「松葉」が身欠きにしんを煮て柔らかいものをそばの具材にしたのが始まり。
他にもうどん屋メニューの京都オリジナルといえば『衣笠丼』。
おあげさんを卵でとじたもの
私が昔住んでいた京都の「衣笠」と関係があるのかは不明だ
もともとローカルメニューなのかな?
ちなみに関西では『木の葉丼』というものもあります。
かまぼこを卵でとじた丼
京都へおこしの際は京料理屋だけでなく…
うどん屋にも寄ってみてください
そして関西といえば「うどん」と並ぶ名物!「お好み焼き」!!
大阪名物であるといえますが京都とのわずかな違いとは??
わずかな…ね。

これまた私の大阪OL時代のこと…。
センパイ
お昼はお好み焼きにするか!
い―っスね
オレこれにしよ
お好み焼き&ごはん、みそ汁お漬けもの
はあ?
お好み焼きにごはん!?
会社近くのお好み焼き屋に出向いたところ
お好み焼き…
★ランチセット★
お好み焼き定食
お好み焼きをおかずにごはんを食べるんスか!?
??
そーやで
恐るべし!!
炭水化物炸裂文化!!
京都でも定食やってるとこもあるでーっ
と、大阪人のだんなは言うが…
マジ?
熊
一代
←いつも半ソデ
それより京都はマヨネーズが有料の店がある!!!
許せん!!
えー? タダやでー?
??
からしもないし!!
からし?
つけねーよ!
しかも私に言うな!
お好み焼きの粉(主食)+具(おかず)だろ。フツー。
ごくり。
太りそうなメニュー…
と、お好み焼きごときで家庭不和がおこる我が家であった。
ほんとーくだらん…。
くだらなすぎたので少しまともな話。
季節外れですが京都の夏の味覚といえば…
『鱧《はも》』ですね。
先にも書いたように京都は新鮮な魚が手に入りにくかったわけですが…。
鱧は生命力が強いため海から遠い京都の街にも生きたまま運ぶことができたのだ。

しかし鱧ばかりではございません!!
『魚そうめん』
簡単にいえば蒲鉾のそうめん。
ひやむぎのようなコシがあって練りものとは思えないっ!!
椀ダネにしてもよし。
あとは夏の京都ではスーパーでも見かける『からし豆腐』。
いっけん普通の豆腐だが…中にからしが。
なぜか丸い形をしている。
一般の豆腐と区別するため…?か?
私は京都以外で見たことはありません。
が岐阜県の方でも有名だそうです
フーン
日本名物
さて、私が京都に住んでいて思うことに
京都は立ち飲み屋とファミレスが圧倒的に少ないっ
ってのがある。
不満!!
何をかくそう(?)20歳までファミレスに行ったことがなかった。
きゃー…っ
最初の頃ははしゃぎまくり
コーヒーのおかわりサービスに並々ならぬ憧れをいだいたもの…。
なぜだ?・広い土地が少ないからか?
地価が高いのかナ?
マクドナルドも駐車場のない所が多いし…
酒好きの私としては解明したいところ。
リサーチリサーチ
その謎を探ると称し足しげく通う私であった…。
にしても数坪でできる立ち飲み屋はもっとあってもいいのでは…?
京都のスキマ産業はズバリ!立ち飲み屋!!
起業家の方はねらいめですっ!!
コンサル

今や京都の町にも
オサレ系立ち呑み屋が
いっぱいできてるヨ。
STAND☆BAR の京都
学生さんや外人さんで毎夜にぎわってます!
ちなみにファミレスは相変らず少ない…。
京都でコーヒーと言えば私は〃からふね屋〃だナ。
ウロ覚え。
昔は外国人がコーヒーを運ぶ(?)絵がマークだった。
市内に数店舗あります。

其の七
神社へ行こうっ!!

次は神社でいきますかー
ツッコまれ上手担当Y上氏
神社ですかー
私…なんも知りませんよ…神社のこと…
結婚式、平安神宮で挙げたじゃないスか!
そうであった。昨年9月にお世話になったのだ。
式を挙げるなら絶対神式でっ!!
角かくしーっ♥
ゼクシィ
…などとゆーこだわりがあった訳ではなく…
妹が平安神宮おススメしてたでー
んーじゃあそーすっか!
30すぎれば夢もナシ。
適当。
代
役所届けるだけでいーんだけどナ…
まぁ親のためにもやっとくか…
受付
でも日がないぞー
予定日の二ヶ月をきっていたが…
空いてますよ
え!! そーなの!?
神社の挙式って…人気あるって聞いてたけど…
意外に穴場?
しかも大安

後日、母とダンナと衣裳合わせに行く。
こちらは平安神宮オリジナルの柄で…
人気がありますよ!!
はぁ…
あら
えーやん えーやん
でも写真に柄までは写らんで
んーー
高いなーー
20万
えっはい えーとでは…
安いのでいーです
こちらでしたら5万円ですが…
違いは一体……
ナニ?
充分美しい↓
じゃ、これでいーです
即決!!
この間3分。
あっはいっ
もう…?
娘とあれこれ選んでみる図。
どお?
もーちょっと考えればー?
ガラ
ガラ
その後ヅラも合わせる。
ひーっっコントやんーっっ!!
わははは
あまりに騒がしいので様子を見に来たスタッフ。↓
よく似合ってますョ
そして当日
着付部屋を間違えるなどの失態をおかしつつ…
すでに着付開始。
あっご親戚の方ですか?
誰?
あの…
花嫁……ですけど…
と、その母↓
どーりで足袋が小さいと思った(ってオイー)。
ええっっ

なんとか無事終えました。
うう…酔いそう…
お庭で写真撮影ができるのでいい気分です。
おほほギャラリーたちがあんなに…
主役は私よっ
オービューティホー
とか言ってるハズ。
さぁさぁ撮るがよい…
これは…神社とゆーより…
はっ
私の結婚式の話やん!!
とにかく…
去年からやたらと神社のお世話になっている私。
信心ないのに…こんな時だけ厄介になっていーのかしらん
エヘヘ…
妊娠も発覚し（できちゃった婚ではありません。念のため）5ヶ月目の戌の日には腹帯を授かりに。
犬は安産なのでそれにあやかって。
安産祈願は金閣寺の近く"わら天神"が有名。
腹帯やお札、お守がセットになっている。
まぁまぁ気がきくわね…
わら天神
セット(?)の中に紙に包まれたワラが入っているのだが…
そのワラに節があると男の子が授かるらしい。
やった!!男!!
男の子希望
ほんとに男の子だった。当たるもんだ。
あ…ちんこ…
超音波
しかしこんな私に安産のご利益はあるのか…。
ちゃんと巻かなあかんやん!!
えー
めんどくさいねんもん〜
雑ゆえ
すぐ取れるし…
帯

そして遅ればせながら
2006年!!
明けましておめでとうございます!!
今年もヨロシク!!
初詣はダンナの切望により北野天満宮へ。
天満宮
デジカメ持ってきた?
イエスサーーッ
結婚初の正月をスナップに残そうってのかい?
はい
ウフフ
やたら景色を撮りまくる。
バシャバシャ
あのー私は…?
ねえ…
フウ。
いやー仕事の資料で天神さんの写真がいるねん
ナニソレ!!
そしてメモリ不足
おいっ!!
帰ろっか
←参拝してない。
天神さんの呼称で親しまれている北野天満宮は菅原道真をまつり、学問の神様として有名である。
道真公を偲び書道の上達を願って新年書初め(天満書)が行なわれていた。
子供が多いね
真剣!!
奉納
合格祈願だらけの絵馬の中、安産を祈りつるしておきました。
天神さんでは毎月25日縁日が開かれており境内には所狭しと露店が並び骨董品など見てまわるだけでも楽しい
古布
12月は終《しま》い天神、1月は初天神で特に賑わう

そして2006年。
今年……
カツヤマケイコ女の前厄に突入しました!!
どーーん
子供生むと厄おとしになるらしーで
あ そーなん?
しかしまぁ一応行っておくか…
京都で唯一女人厄除の"市比賣《いちひめ》神社"に新年早々行ってみた。
街中にたたずむ。マンションに囲まれ
マンションの1Fにくいこんでいる。
うわー
二礼二拍手一礼。
女人お守
とりあえずお守を買っておきました
最近参ったわけではないが、私が好きなのは"今宮神社"。
木に囲まれて風情がある。
神占石(かみうらいし)があり叩くと重くなるといわれているが…
ムムっ
ずっしり。
ブツ ブツ
願いごとをしてから石をなで
持ち上げて軽くなっていればその願いは叶うという…。
軽くなった!!!気がする…
と思いたい。
ちなみに他では見かけない玉の輿守りがある。
八百屋の娘でありながら徳川家光の側室になった"お玉"にあやかって。
これ買うのちょっとはずかしいだろな…。
しかし…
商売繁昌伏見稲荷のお札。
厄除け市比賣神社のお守。
安産わら天神のお札。
北野天満宮の絵馬。
女人お守
奉納
これだけ持ってたら神様同士ケンカしないかナ…

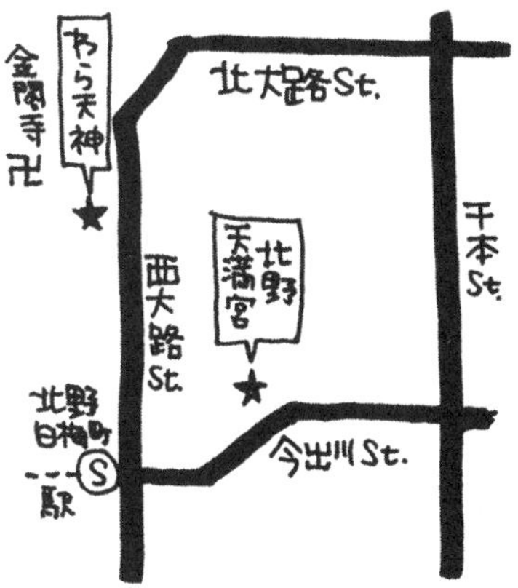

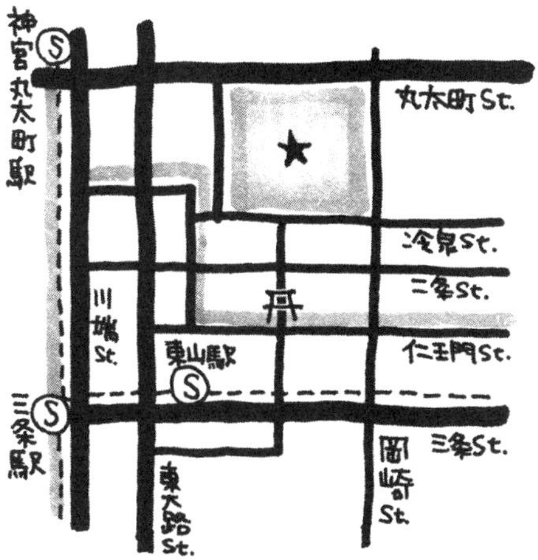

◉わら天神宮

【住所】〒603-8375
京都市北区衣笠天神森町
【電話】075-461-7676

◉北野天満宮

【住所】〒602-8386
京都市上京区馬喰町
【電話】075-461-0005
【URL】http://www.kitanotenmangu.or.jp

◉平安神宮

【住所】〒606-8341
京都市左京区岡崎西天王町
【電話】075-761-0221
【URL】http://www.heianjingu.or.jp

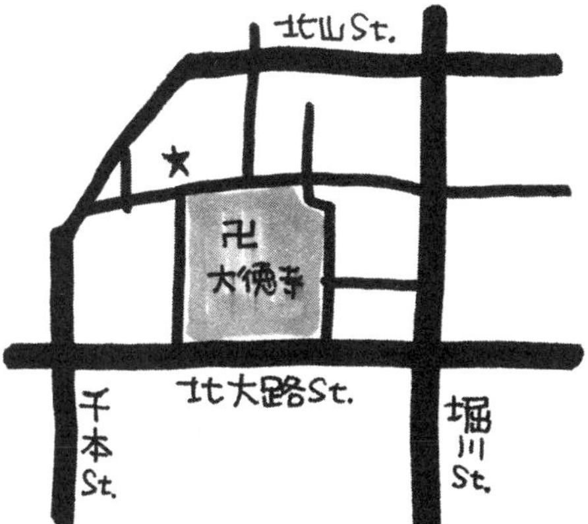

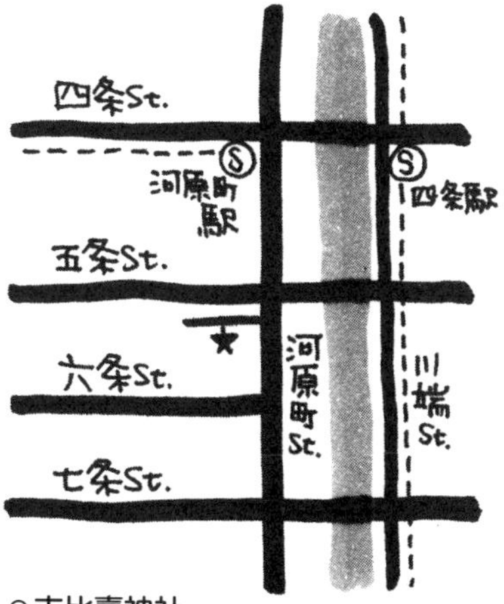

◉今宮神社

【住所】〒603-8243
京都市北区紫野今宮町21
【電話】075-491-0082

◉市比賣神社

【住所】〒600-8119
京都市下京区河原町五条下ル一筋目西入ル
【電話】075-361-2775
【URL】http://ichihime.net

今や神社での挙式は大人気らしい。
この度兄が結婚することに。
神社で挙げたいから今、見てまわってんねん
兄
彼女
ボランティア精神いっぱい。
え!?
結婚式来年やん…早くない?
私2ヵ月きってたけどヨユーやったで!
な――んて言ってたら。
年内はいっぱいで来年も大安は予約で埋まっているそうな…。
え!?
そーなの!?
芸能人の影響なのでしょうか…。

其の八
伝統文化の新しいこころみ
①
は〜〜〜。
8回目にしてネタにつまる下級京都人カツヤマ。
ギリギリでやってます。ええ…。
ボクの大学のセンパイに京都のスペシャリストがいますよ!
おお!神の声!!
ただのおとぼけ編集者かと思っていたが…Y上よ…スマン!!
ぜひ紹介していただきたし!!
……てなことで。
雑誌のコラム連載やラジオのコメンテーター、大学講師など多彩な顔を持つ「グリップ」島田昭彦さん。
京都を中心に地域活性のプロデュースをされており今回は「伝統と革新」をテーマにツアーをコーディネイトしていただきました。
尊敬!!
ガイドブックには載ってない京都を案内しましょう
いやー。
持つべきものは偉大な先パイがいる担当編集者だね!
ム…複雑。

こうしてツアーは始まった。
四条河原町阪急前(※)で待ち合わせ。(※渋谷ハチ公前的待ち合わせスポット)
さみーっ
おはよーございますっ
いやーっ京都は寒いっスねっっ!!!
つっっ
と、いいつつなぜか汗だく(コーフンのためか?っ)。
昨日なんて2時間ですよ!! 眠れたの!!
のっけから修学旅行気分のY上氏。
まずは阪急6F『京都しるく』さんにお邪魔しました。
「京都しるく」さんは全国でもいち早くシルクのスキンケア用品を商品化。
※現在は移転されています。(詳しくはP.40に!)
創業者の長女・貴子さん
私が10代の頃ナイロンタオルの使用で背中に黒ズミができたんです…
そこで創業者の加代子さんが思い出したのが母親から聞いた絹のはなし。
赤ギレの手を絹で洗うことで治した経験や花街で「舞妓さん、絹で磨いた珠の肌」といわれていたことから絹で肌を洗う製品の開発をはじめた。

絹で洗うようになっていつの間にか黒ズミはキレイに消えました
へーーっ
一番人気の商品"シルク洗顔パフ"。
使用面は絹100%!
私も実際使わせていただいてます!
きゅぴ
きゅぴ
おおお!!
スベスベやん!!
美白効果もありこれで京美人度さらに(?)アップか!?
その後昼食をとりに阪急百貨店7Fの「モザイクダイニング」へ。
何食べますー?
えーーと
あれっ!! あれがいーっス!!
…と、Y上氏即ある店に反応を示す。
京風スパゲティー「先斗スル」
何ですかねーー?京風って!!
東京人Y上氏は"京風"に敏感。
ワクワク
ワクワク
メニューは京野菜や昆布だしソースのパスタが。
鶏つくねと海老芋の白味噌スープにします!!
白味噌初体験
漬物の小皿付
私は京野菜のトマトソース♪
おいすぃーっっ!!
Y上氏のあまりの白味噌感激ぶりに…
じゃあ…明日は白味噌のおぞう煮食べに行こかてことに。

食後は五条にある『洛中髙岡屋』さんへ。
大正8年 創業の京座布団の老舗。
京座布団ってあるんですか?
初耳。
社長 髙岡さん
ええ
中央の"とじ"が京座布団は三方とじになっているんです。
他は十字とじがほとんど。
後
前
とじの一方が前を指している。
前後ろがあるのかー
知らなかった…。
髙岡屋さんでは従来の座布団にこだわらず、現在のライフスタイルに合った新しい形の座布団を提案。
三角形
せんべい形 直径1メートル
カツヤマオススメ☆おじゃみ(※)座ぶとん
※「おじゃみ」関東では「お手玉」
おーこりゃええわーー
妊婦にぴったりやのう…
おじゃみ
サイコー♥
うわーボクこれほしいなー
三角座ぶとんにくいつくY上氏。
そして島田氏イチオシ!! "ごろ寝ふとん"
宿のお客さんが座布団3枚を並べてごろ寝しているのを見たおかみさんが…。

もっと格好のいいものを…
ということから高岡さんが開発。
ラクチン
丸めておける。
広げるだけ！
ちょうど座布団3枚分!!
寝るY上氏!!
手作りの作業場も見せていただきました。
おお
わースゴイ量のわたーー
多量のわたが職人さんの手によってみるみるまとめられ1枚の座布団に。
ぐっ
ぐっ
綿
縫い目が見えないようにとじていく手さばきも圧巻。
この道40年のベテラン鍔本《つばもと》さん
若い職人さんも
ぐい ぐい
若い人が伝統を受け継いでいくってたのもしいですね
今は若い人も多いですヨ。
古き良きものを今のライフスタイルに合わせて創意工夫を施し残していく。そういった活動を次回も紹介していきます!!

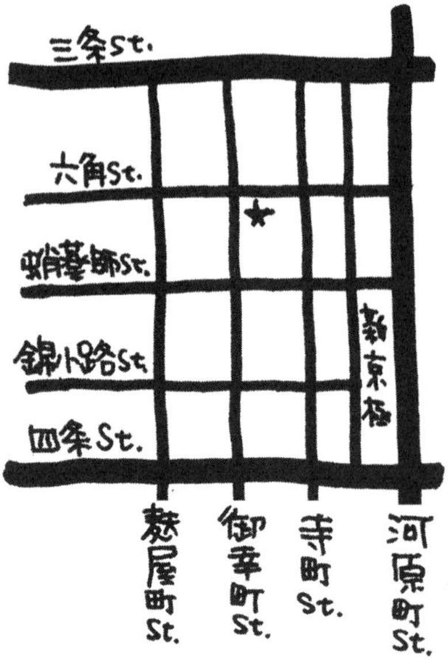

◉京都しるく〔直営ショップ〕

【住所】京都市中京区御幸町通六角下ル
【電話】075-241-0014
【URL】http://www.kyotosilk.co.jp

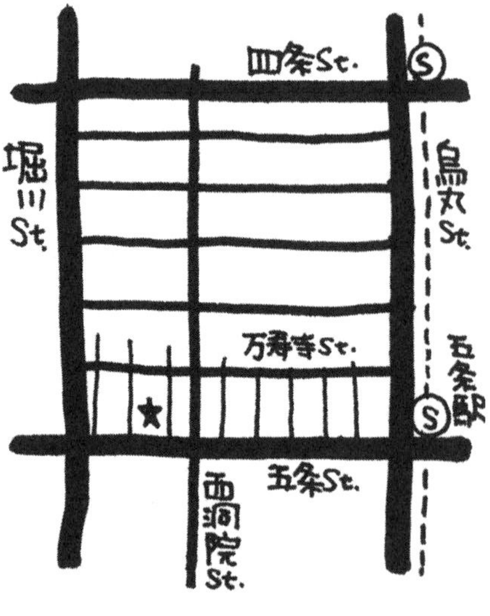

◉洛中　高岡屋

【住所】〒600-8331
京都市下京区五条通油小路東入ル
【電話】075-341-2251
【URL】http://www.takaoka-kyoto.jp

其の九
伝統文化の新しいこころみ
②

前回に引き続き、今回も島田氏プロデュースの京都案内です。
いーっスね!! 京都!!
あーあー!
そして前回に引き続きハイテンションY上氏。
じゃあ次は祇園に行きますか!
祇園!!!
ピューーッ
コーフン度MAX↑
祇園は八坂神社にほど近く。
八坂神社
『京の砂糖屋祇園あべや』さんにお邪魔しました。
赤いばん傘が目印
京都の中央市場で砂糖問屋を営む阿部さんが砂糖の良さを伝えるため『祇園あべや』をオープン。
人気商品は京野菜を練りこんだのど飴
京野菜……新しい発想ですねーーっ
へーーっ
社長阿部さん

大学の先パイが上賀茂で京野菜を作っているんですが…
そこで廃棄される形の悪い京野菜を見た阿部さん。
せっかく生まれてきたのに…
なんとか活用できないものかな…
という思いから試行錯誤を繰り返し、のど飴を開発。
ほのかな甘味がおいしい♥
京野菜は普通の野菜よりも栄養価が高くその種類も豊富。
九条ねぎ
聖護院大根
賀茂とまと
鹿ケ谷かぼちゃ
のど飴は祇園の舞妓さんたちの間でも人気があるとか。
野菜嫌いのお子さんでも喜んでくりゃはりますよ
おいしい
特許とか取ってないんですか?
イヤラシイ。
いいものを伝えたいだけですから…
一人でも多くの人に食べていただければそれでいいんです
志のある人は器もでかい!!
私なら飴御殿を…
器おちょこ並
ウヒヒ
壊される予定だった民家を利用して甘味処も開く予定です
オープンしたら来てください!
ぜひっ
阿部さんは最近変わりゆく祇園の町並の保存にも力を入れておられます

そして島田氏の提案により「東京人Y上氏白みそ雑煮初体験企画」のため移動。
マメ知識
京都のヤサカタクシーのマークは三ツ葉なのだが千三百台中四台だけ四ツ葉マークがあり乗るとラッキーなことがあるらしい。
友達は「乗った!!」と喜んでいたが数日後好きな人がゲイであったことが発覚。……うーん。
このときは残念(?)ながら三ツ葉でした。
白みそ楽しみだナー
甘いスか?
白みその話に食いついてきたタクシー運転手
そう!! 食べたことないの!!
観光地でタクシーをひろうと、京都のうんちくを言いたがる運転手さんがたまにいる。
前見てー
以前二条城前でタクシーをひろったときも…
Hey
観光客と思ったらしく延々京都案内。
紅葉見るならね
あ…そーですか…
タイミングを逃し京都人だと言えず。
そんなことはさておき…。銀閣寺近くの甘味処『㐂み家』さんへ。
ぜんざい
京都といえば白みそ雑煮!!
私の実家は白みそ雑煮じゃないんで楽しみですー
京都人?
ここのお雑煮は上品な味でオススメですよ
おまたせしましたー

〝豆かん〟とセットのメニューを注文。
うわーおいしー♥
もち麩の入ったシンプルな白みそ雑煮はほどよい甘さの優しい味✧
豆かんは関西では珍しいですよねー
ここのご主人さんは関東出身なんですよ
ぜんざいも食べたかったけど…お腹いっぱいになってしまった…残念!
大満足のY上氏。
…よかったな…
取材中Y上氏のケイタイに仕事先から電話があるたび…
今京都なんですよー、
え? ちがいますよ!! 仕事です仕事!!
いやーっ
京都って言うとみんな「遊びか?」って聞くんですよね〜〜〜〜っ
もーっ仕事なのにーっ
などと言っていたが相手の言い分もあながち間違いではない。
いちいち楽しそうだし…
じゃあ次は町家見学に行きましょうか
社長 野瀬さん
スタッフ 矢嶋さん
向かった先は俳人・与謝蕪村の邸宅跡に建てられた『京町家buson』。

さっそく立派な町家の中を案内してもらう。
こちらにどうぞ…
坪庭
走り庭
おっ！かまどがある!!
これで実際にご飯を炊いていますよ
京都では"おくどさん"と言いな！
ちっちっ
そう。『京町家buson』さんではおくどさん(かまど)で炊いたご飯のおむすびがおばんざいとともに食べられるのだ!!
銀シャリ食べたい☆
おいしく炊けるまで何度も炊いて研究したんですよー
欄間の"近江八景"のすかし彫りが見事!!
中庭
茶室
間口約9mに対し奥行きはなんと!!
50m!!
"うなぎの寝床"といえど、この奥行きは別格やなー…
つきあたりは蔵の扉。

『京町家buson』さんは風情ある町家見学ができるだけでなく"美・食・住"を提案、発信している。
おむすびだけでなく?
中庭の見える茶室をお茶処として開放したり…
舞妓さんを招いて京舞を舞ってもらったり
所蔵する美術品を鑑賞していただけるギャラリーにしたり
Sweets
イベントスペースとしてもご利用いただけるので
コンサートを開いたりもできますよ
町家でコンサート!! 雰囲気いーでしょーね!
開催されるイベントは「啓明商事株式会社」さんのホームページで告知されています。
興味のある人はまめにチェック!!
お庭すばらしかったでしょー
エントランススペースでぬくぬく我々を待つ島田氏
そりゃもう!
Y上氏?
ね?
ええ…よかったです…よ…
ブル
ブルル
取材時は1月初旬。京の底冷えに耐えきれなかった様子の東京人Y上氏。ここにきてテンション落ち着いてくれるのか!?
つづく

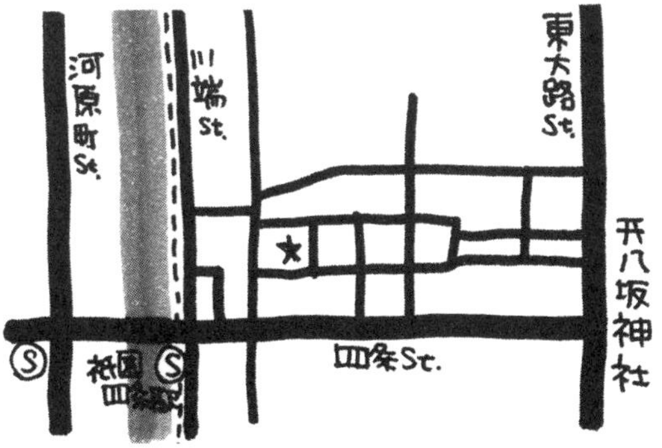

◉祇園あべや

【住所】〒605-0078
京都市東山区八坂新地富永町107番地阿部ビル内
【電話】075-561-4036
【URL】http://www.gion-abeya.jp

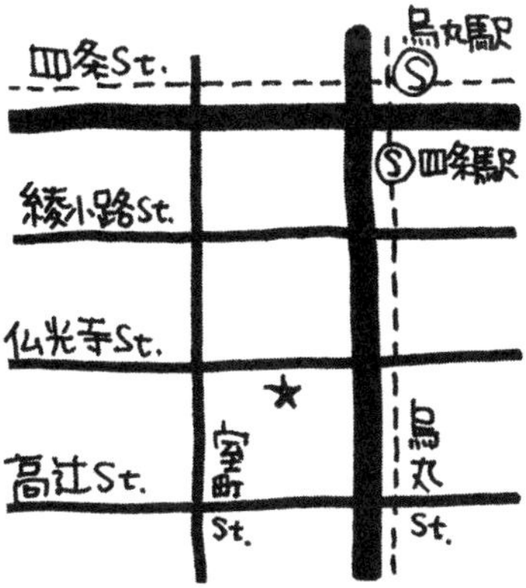

◉京町家 buson

【住所】〒600-8423
京都市下京区仏光寺通烏丸西入ル釘隠町2－49
㈲啓明商事
【電話】075-361-8251
【URL】http://www.keimei-shoji.com

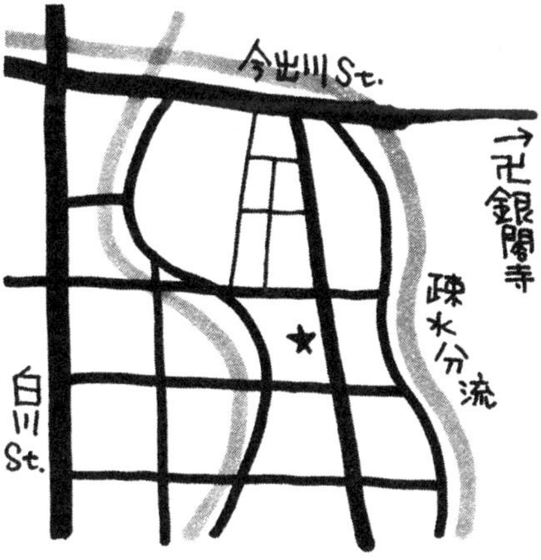

◉喜み家〔銀閣寺店〕

【住所】〒606-8405
京都市左京区浄土寺上南田町37-1
【電話】075-761-4127
【URL】http://www.kimiya-kyoto.com

其の十
伝統文化の新しいこころみ
③

伝統と革新をテーマにした京都ツアー編も3回目。
今回は着物業界の新しいこころみを紹介したいと思います!
十二単《ひとえ》が体験できるんですよ
ムフフ…
んまっ
いきなり十二単ですか!!
Y上氏は狩衣を体験しますか!
え!!
ボクも!?
てなことで向かった先は『衣紋道雅《みやび》ゆき』さん。
主宰 峰村ゆきさん
十二単といっても十二枚の着物をつけるという意味ではありません
現在では肌衣、小袖、長袴、単、五つ衣、打衣、表着唐衣、裳を着ます
そうなんだ…
メイクや着付けを合わせても30分くらいでできるそう。

妊婦(8ケ月)なので着られるか心配だったが…
帯でしめたりしないので大丈夫ですよ
むしろ普通の着物よりラクです。
よかったー♥
ホッ
浴衣に着替え まずはメイクから…
この柄もかわいい♥
おーっ時代劇の役者のようだね…
羽二重
次々と衣を羽織っていき……
おちょぼ口がちょっとこわいが…
オホホホホ
されるがまま…
おすべらかしのかつらをつければ完成!!
んまーっべっぴんっ
カメラマンに徹する島田氏。
平安時代の女性は大変だったろーな!…と思いきや
がばちょ
実はすぐに脱げるのね
重ね脱ぎっ!!

はっ
殺気!?
キマってるなー
あーもう自分で言っちゃってるよ…
キリリ✧
ちょーっとかっこよくないですかー?
お似合いですよー
Y上氏もすっかりなりきっていた。
馬子にも衣裳だな…
写真撮ってくださいよー
←主役気分。
プロによる写真撮影やこれとは別に散策できる衣裳もありますよ
め…目立つやろなー…っ
手ぶらで来て体験できるのがいいですねーっ
『雅ゆき』さんでは今流行りのアンティーク着物で散策するコースも始まっています。
気軽に着物を体験していただいて
少しでも着物を身近に感じ興味を持っていただけたら…と思っています

着物のことは超ド素人だけど…
峰村さんの着こなし素敵やのぅ…
うっとり。
私の中で何かのスイッチが…
着られるようになりたい…
パ。
チーン!!
あーっやっこできる前に着付け習っときゃよかったよ!!
キリッ
嗚呼…
元どおり…
ちっ
じゃあ次の取材先に行きますか
次に向かったのはファッションビル『新風館』3Fの"KYOTO STYLE"。
新風館
"KYOTO STYLE"とは京都のものづくり企業・職人等とデザイナーがコラボレートし、新しいブランドを創造、展開していく施設であーる。
匠の技
+
新しい発想
中でも特に注目なのが『西村兄妹キモノ店』。
西村兄妹キモノ店
KIMONO ♡ BREATH
実家が呉服店の西村兄妹が若い感性で"洋服感覚"で着られるキモノを提案している。
ヒロカズ
MIZUHO
洋服感覚??
キモノを??

※現在は移転されています。(詳しくはP.55に!)

ヒロカズさんの着こなしも斬新
和柄のスカーフ(ネクタイ?)
うるし塗の指輪
ヘビ柄のぞうり
ディスプレイも洋服売ってるみたい…
わーかわいい帯留めっ!!
シルバーの動物モチーフ
和の花柄
オーガンジーのヘコ帯
足袋も変わってますよー
"着物を着る"って…初心者はかなり腰が引けてしまうけど…
知識が豊富じゃないと…
逆に恥をかきそうで…
ヨヨヨヨヨ
これなら新しい感覚で着こなせるからチャレンジしやすいですネ!
簡単に着られるように半襟やおはしょりを加工したり…
素材もポリエステルなどを使用しているので普通に洗濯できますよ。
Tシャツやデニムなんかとコーディネイトしてみてください!
Tシャツ!!

※現在は移転されています。（詳しくはP.55に!）

伝統の技を現代の生活スタイルにアレンジしていかす。
"邪道"だという声もあるかもしれないが……。
形を変えてでもいいものが残っていけばよいではないか…ね!
京都の着物業界も衰退の道をたどっていたがこうした若い人や新しい感性で復活しつつある。
京都では府や企業などが着物の普及に力を入れている。
京都織物卸商業組合も着物を気軽に体験できるサロンを運営しているし
MKなどのタクシー会社では着物姿なら料金の割引サービスを実施してます!
10% OFF!
和装だと20%男前度があがると気づいた(思いこんだ?)迷編集者Y上氏…と
ホレるなよ
出産した暁には着物にチャレンジしようと闘志を燃やすカツヤマ!!…と
京都人ながら和装の経験のない島田氏の3人は…
夏頃には"着物で宴《うたげ》"会を京都で開催しましょうっ!!
こわ…
……と、意気込みつつ今回の取材を終えたのでした。
つづく

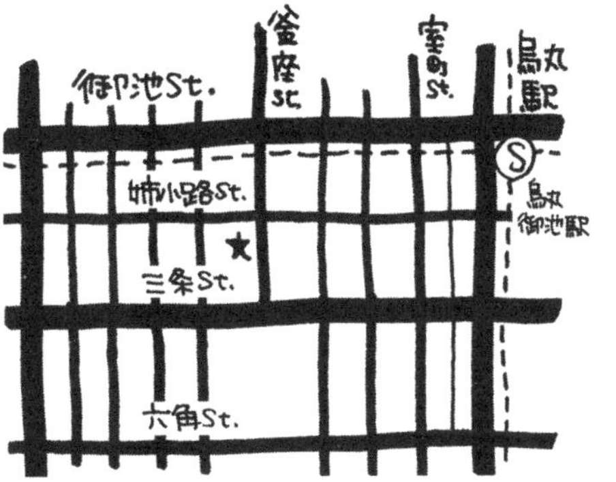

◉雅ゆき

【住所】〒604-8272
京都市中京区釜座通三条上ル突抜町807
【電話】075-254-8883
【URL】http://www.miyabi-yuki.jp

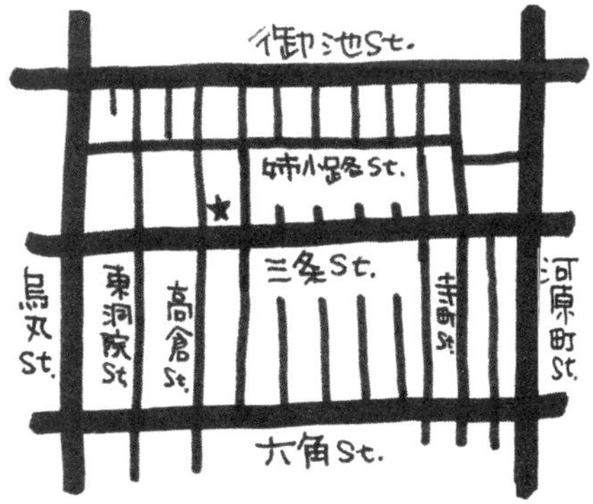

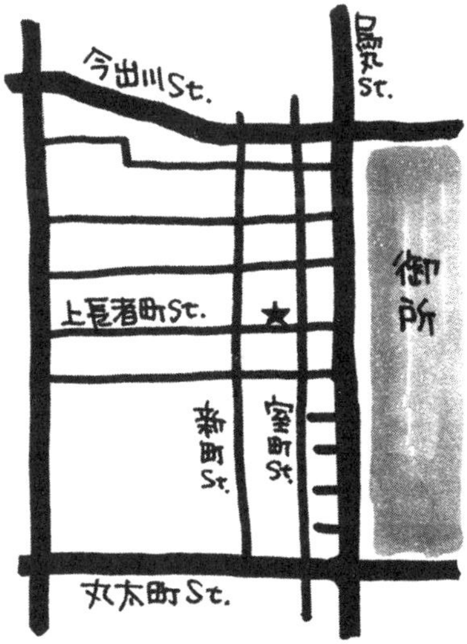

◉室町蔵

【住所】〒604-8111
京都市中京区三条通高倉東入ル桝屋町53-1
Duce mixビルヂング2F
【電話】075-257-6477
【URL】http://www.muromachikura.co.jp

◉西村兄妹キモノ店

【住所】〒602-8006
京都市上京区上長者町通室町西入ル
（京都御所西あいぜん内）
【電話】075-417-6885
【URL】http://www.kimono-breath.net

其の十一
伝統文化の新しいこころみ④
『友禅染』
町人文化が栄えた江戸時代、京都知恩院の門前で扇絵を描いていた宮崎友禅斎の絵が大流行。その図柄を着物の模様染めにいかしたのが始まりとされている。
私が今回のツアーで最も訪ねたかったのがココ…
ぐふふっ
伝統着物柄のアロハとカットソーの店『パゴン』さん!!
パゴン祇園店
友禅の伝統の世界をアロハシャツに再現。京都はもちろん有名人を含め、全国にファンが!!
代表亀田さん
もとは着物を染めていた工場でした

大正8年に創業した『亀田富染工場』。和装の時代は100人もの職人さんが働いていた。
…が
着物人口の減少とともに友禅染の需要も減り…
このままでは次世代に京友禅が残っていかないのでは!?
危機!!
そんな時アロハシャツは元々日系移民が持っていた着物をほどいて作ったのが始まりと知った亀田氏。
えー—っ
そーなんやーっ
アロハか…
試しに作った一枚が…
大評判にっ!!
かっこいい—
どこで買ったの?
たしかに…こりゃかっこいい
ちょいワルオヤジなんかに似合いそうですよ〜っ
女の子が着たらかわいいしねっ
かっこかわいい?
実際パゴンのファンは男女若い人から年配の方まで年齢層も幅広い。
友禅の伝統の美しさが誰にでも受け入れられるんでしょうねー—っ
たまにはいーこと言うね。

工場の方も見せてもらいましょうか
どーぞっ
ぜひっ
パゴン本店を併設する『亀田富染工場』。
配合された染料
すごい数のバケツ…
職人さんの手で一色一色微妙な色が作られる。
ここで生地に柄を染めていきます
柄は古風だけど…色合いは現代風ですねー
落ち着いた色で…
友禅の柄には奇抜なものや大胆なものもあり
勧進帳
ガイコツ
今のデザインに負けない新鮮さがある。
乱菊

柄は何千とありますし…
色数や組合せを考えればデザインは無限にできますよ
そしてここでも若いデザイナーさんの感性と
熟練された職人さんの技術がひとつの伝統を支えていました。
工場見学できるので
観光ついでにぜひっっ!!
取材続きで疲れたでしょう
ちょっと癒されにいきますか
癒し?
という島田氏の提案により…
カツヤマエステに行くことになりましたっ!!
マジで?
向かった先は木屋町二条の『フローラム』さん。
民家を改装した落ち着いた雰囲気のお店
Florame
1Fはアロマオイルやキャンドル、マッサージオイル石けんなどを販売。
この時いただいたハニーソープ。数ケ月経った今でも香りはまったくおちていない。

女の特権。私がエステを体験する間、野郎共は？
ボクらは酵素風呂へ行ってきます!!
ずびし!
酵素風呂？
実は島田氏も初体験。
京都の酵素風呂はなぜか京都以外の人に有名なんですよ…
フフフフ
たしかに聞いたことナイが…
すんごーく気になるが私は後日行くことにする。
じゃっ
エステはアロマオイルを使った全身のマッサージ。
このお店で使用されるアロマオイルは有機栽培された植物から高純度で抽出されたもの。
マッサージによって血液、リンパ、気の流れを整えて人間が本来持つ自然治癒力を高めるのだ!!
体も気分もほぐれる〜
はーっ気持ちえがったーーっ
あっ酵素風呂どうでし…
た？
……。
あのー
すっかり骨抜き状態の2人。
はっ
ぼ

カツヤマさんもぜひ行くべきですっ!!
…てな訳で
はぁ…
ツアーのテーマからそれちゃいますが…後日行ってきました
酵素風呂!!
えー—っ
行ってみると町中の雑居ビルの2F…。
怪しい度120%!!
酵素風呂
脱衣所はいたってフツーの銭湯だが…?
(男はフンドシを渡されるらしい。)
浴場(?)には棺桶のような木箱がズラリ!!
なに!?これ!?
その中には檜のおがくずが入っており、おばちゃんが上からかけてくれる。
ざざざっ
ざっざっ
砂風呂みたい…
おがくずには酵素が入っており自然発熱するのだ。
入って間もなくおそろしい量の汗がっ!!
めちゃめちゃ熱いわけじゃないのに…なんか…芯にぐわぐわっとくる熱さだね…
だくだく だくだく だくだく
15分間寝てるだけ。
長風呂に入ったみたい…
は—
効用はよくわからんのだが難病が治ったという人が何人かいるらしく、遠方から通う人も…。
単純に気持ちがいいのでぜひ一度お試しくださいっ
でもなぜ京都人は知らんのだ?
ナゾ…。

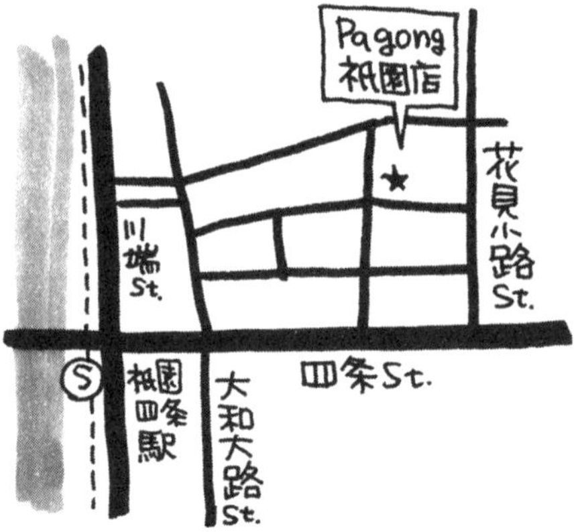

◉パゴン祇園店

【住所】〒605-0084
京都市東山区八坂新地清本町373
【電話】075-541-3155

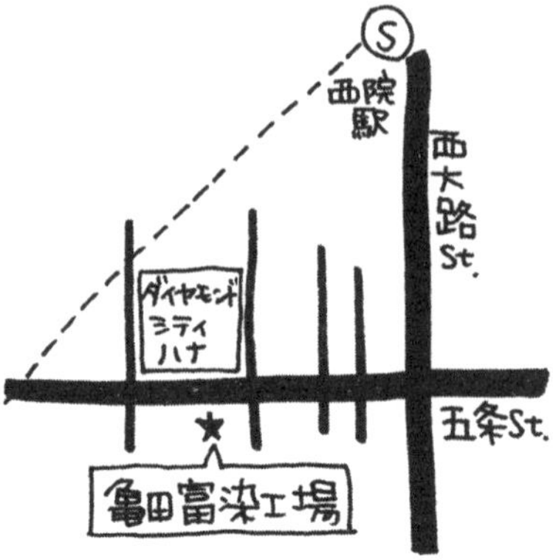

◉亀田富染工場〔パゴン本店〕

【住所】〒615-0046
京都市右京区西院西溝崎町17
【電話】075-322-2391
【URL】http://www.pagong.jp

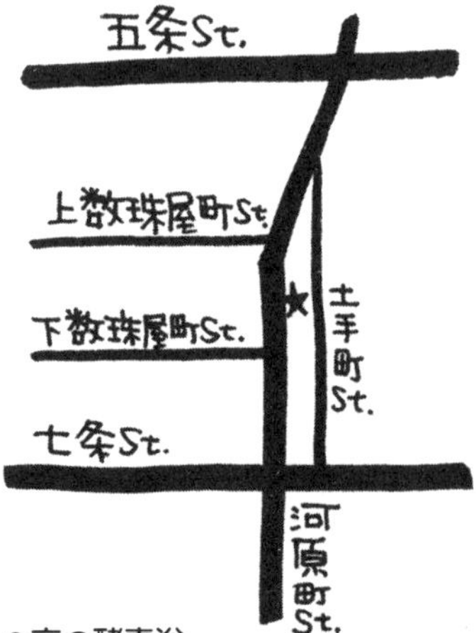

◉京の酵素浴

【住所】京都市下京区河原町通七条上ル東側
【電話】075-344-2210

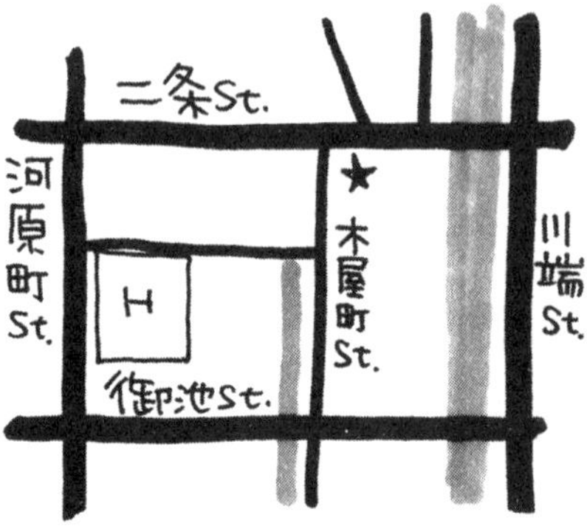

◉フローラム京都本店

【住所】〒604-0922
京都市中京区木屋町通二条東南角
【電話】075-213-8788
【URL】http://www.florame.co.jp

其の十二
伝統文化の新しいこころみ
⑤

今回でいよいよ京都ツアーも終わりです!
いやー長かった。
ひっぱりすぎた感がなきにしもあらず!!
ひっぱらんとネタがねーんだよっ
ぎゅう
んじゃ
ツアーの最終日は私、島田の実家にご招待しましょう!!
Come on!!
そう…このツアーのナビゲーターである島田氏のお父様は家紋職人なのだ!!
おじゃましまーす
島田明弘さん
玄関先は明弘さんの仕事場になっている。

今まで染め抜いてきた家紋の数々を見せてもらった。
大切にとってある型紙
うわーっ細かいナーっ
依頼があるたび見本を正確に写し手で切り抜いていく。
簡単なものなら1時間くらいでできますよ
複雑なものだと丸1日かかることも。
家紋の種類ってどのくらいあるんですかー？
4千はあるといわれてます
4千!!
そんなに？
平安時代に貴族たちの間で牛車や家具に紋様をつけるのが流行した。それが家紋の始まりとされている。
うちは丸に橘。
あった！
家紋帳
見るほどに美しい家紋。
今見ても新鮮で斬新なデザインですよねー。
この本ほしい。

家紋をプリントしたTシャツやネクタイなどを商品化して家紋文化を後世に残していきたいと思ってるんだよねー
おおっ
そりゃナイス!!
家紋の文化もまた和装の減少とともに衰退する一方、家紋をシールにしたりジーンズや携帯電話にプリントしてくれるサービスもでてきている。
島田様。「丸に橘」Tシャツをぜひ私めに…。
作っておくれやす〜。
そして次は人形寺の名で知られる「宝鏡寺」。
その門前にある和傘の老舗『日吉屋』さん。
裏千家御用達の野点傘を一手に作られている。
5代目当主の西堀さん
若っ
なんと西堀さん以前は公務員だったとか。
妻と付きあってた頃妻の実家であるこの店で和傘を見て…
シンプルな美しさに感動したんです
がびーん
?
奥サマのご実家なんですね。

そこから修業をつまれ跡継ぎのいなかった『日吉屋』の5代目当主となられたのだ。
思ってたより軽い。
昔はたくさんあった和傘の店も現在では数軒しかないという。
お店の2階の仕事場
渋の艶が美しい…。
そして5代目は新しいモノづくりに挑戦中である。
とんぼ渦
きんぎょ
和傘作りの手法をいかし現代の生活に合うように
和テイストの洋傘を作ってみました
使い込むほどに飴色に変化する柿渋を使用し絵柄は職人さんが一本一本手描きしているのだ!!

そして和傘の構造をヒントにしたランプシェードも制作中だとか。
和傘ランプ??
伝統だけに固執しない若い6代目ならではの発想に今後も期待!!
こうしてツアーの予定をすべてこなした一行は打ち上げをすべく夜の街へ!!
ぎぉんっかなー??
双葉社の経費ではムリですよ Y上さん
と、思いきや住宅街。
?…ここ?
ブーーーッ
島田氏イチオシの『吉田屋料理店』。
吉田屋
料理店
細い路地のつきあたり
ここの料理は何を食べてもびっくりするよ
おいしくて。
マジすか!!
うわーっこの長芋のピクルスおいしー♥
アテにグー どやって作るのだ?
と、ここにゲストが登場。
こんばんはー
やあ久しぶり
はじめまして佐藤ですー
彼は大正10年創業の漆の精製業『佐藤喜代松商店』の取締役 貴彦さん。

佐藤さんの会社では「乾きにくい」「かぶれやすい」「紫外線に弱い」という短所を克服した精製漆を開発。
新しい用途として試すべくなんと自動車に漆を塗装
漆塗りの車ですかっ!!
ひえーっ
ええ。
あっ同じ歳なんですね！
えっ？平野神社の近く？
へーっ私小学校1年まで衣笠に…
えっ？同じ幼稚園？小学校も？
ボク、カツヤマさんの家に行ったことありますよ
弟いるでしょ？
えーっ!!
そーいえば佐藤って……
いやー京都って狭いですね！
たしかに…
京都人って全然外(他府県)出ないんだよナーっ
同窓会出席率高いし…。
と、たくさんの出会いがあった今回のツアー。無事(?)描き終えたものの…
島田さんお世話になりました。
次回からまたカツヤマさんの持ちネタ、楽しみにしてますよー
……。
との編集者Y上氏の言葉にふと頭が白くなるカツヤマであった…。

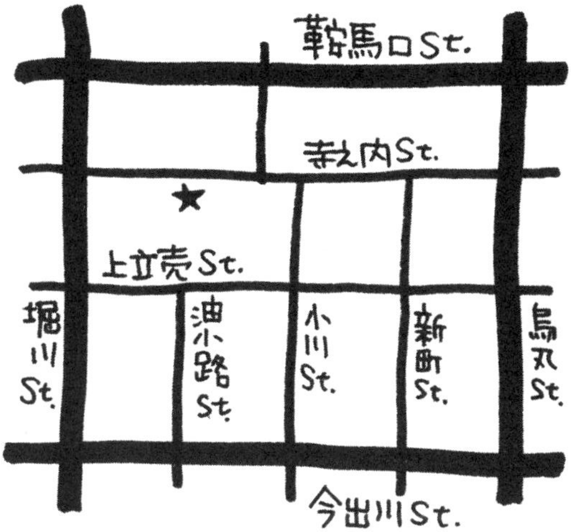

◉日吉屋

【住所】〒602-0072
京都市上京区寺之内通堀川東入ル百々町546
【電話】075-441-6644
【URL】http://www.wagasa.com

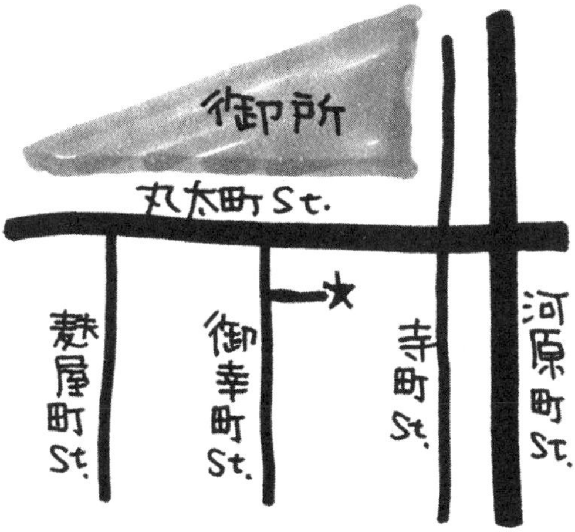

◉吉田屋料理店

【住所】〒604-0981
京都市中京区丸太町御幸町下ル
五軒目東側露地奥
【電話】075-213-2737
【URL】http://www.kyoto-yoshidaya.jp

島田氏プロデュース
伝統と革新ツアー
『京都シルク』さん
シルク洗顔パフは母と義母にもプレゼント
『洛中高岡屋』さん
あざやかな手さばき
いただいたおじゃみ座布団、今も愛用してます！
ヘルスィー！
『祇園あべや』さん
京野菜のど飴は全部で7種。
パッケージもかわいいのでお土産にオススメ！

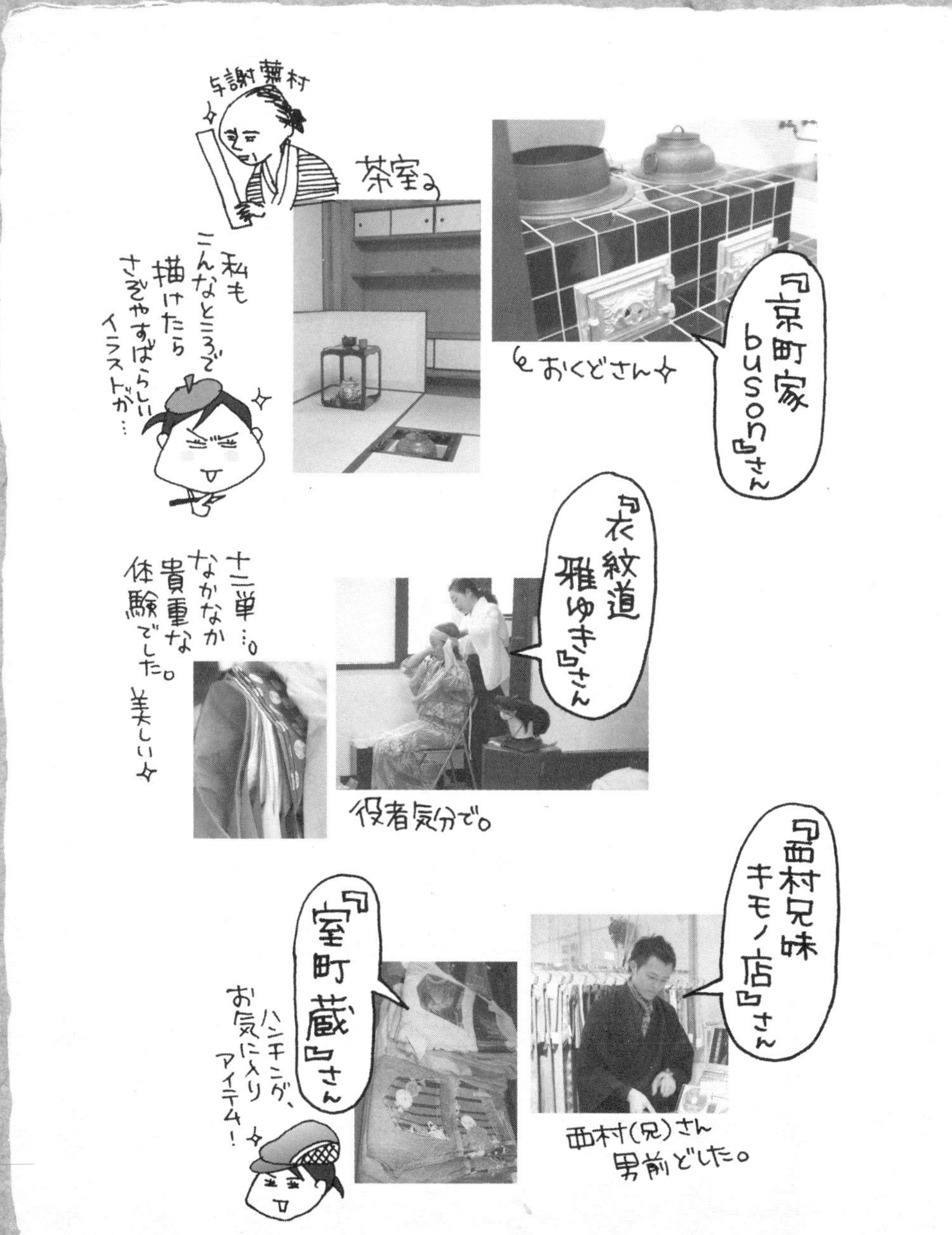
『京町家buson』さん
とおくどさん✧
茶室
与謝蕪村
私もこんなところで描けたらさぞやすばらしいイラストが…
『衣紋道雅ゆき』さん
十二単…。なかなか貴重な体験でした。
美しい✧
役者気分で。
『西村兄妹キモノ店』さん
西村(兄)さん男前どした。
『室町蔵』さん
ハンチング、お気に入りアイテム！

『亀田富染工場』
(パゴン)さん
バケツいっぱいの染料!
染め途中の友禅。
工場見学はオススメですよ〜。
『フローラム』さん
ぜいたくなひととき
『島田明弘さん
お父様にもお世話になりました!!
『日吉屋』さん
美しい和傘…。
伝統を守り継ぐ若きご夫婦。
同年代とは思えません…
エヘヘ
西堀さん&奥様

其の十三
京の家庭料理
みなさんは京都の食材と聞いて何を思い浮かべますか?。
豆腐?
京野菜?
ぐじ?
(甘鯛)
今は夏。京都の夏は鱧《はも》。祇園祭りは「鱧祭り」と呼ばれているくらい京都の夏の顔なのだ。
鱧!!!
…とかゆーけど実際そんなに食ったことねーよ…
つーか「ハモマツリ」もあんまし聞かないけどね。
次回のテーマは京の家庭料理にしまっす!!
おばんざいの話ねっ
あーいいっえねー食文化ー
担 Y上氏
とか言ってしまったはいいが…
実家《うち》は超京都っぽくないフツーのおかず…。
ハンバーグ
酢豚
パスタ
さあ困った。
うーーん。
みーんな鱧とか湯葉とか普通に食べてんのかナー…
ってことで友人に聞いてみた。

実家で食べてた京のおばんざいってナニ…？
えーおばんざい？ズイキのゴマ和えとか冬瓜のくずひきとか…
何が京都かわからへんケド…
そんなんでいーの？
青菜とおあげの炊いたん
にしんとなすの炊いたん…
鱧のおとし加茂なすの田楽とか？
？？
…ってみんなけっこう食べてるし!!
そーなん？
うちだけ？
オレんちめっちゃフツーやわ…カレーとか…
おおっ
仲間っ!!
…と答えたのは老舗漬物屋の息子。
イメージでは一番おばんざいとか食べてそうなのに
京都のエッセイをたくさん書いてはる入江敦彦さんによると京都の中の京都!!である中京区（昔の平安京エリア）の人は商売人が多く共働きのため意外に食事はテキトーであるらしい。
はよたべーーっ
ちゃっ
ちゃっ
コロッケとか…
そういえば…
私は以前、配達のバイトをしていたのだが、中京区にある京の台所「錦市場」の朝食はパン率が高かった。
おはよーございまーす!!
そこおいといてーー
店の開店準備をしながらトーストをかじっている。
京野菜のそばにおかれたバタートーストはなんだか変な感じ。

夏だからといって
鱧おとしも
加茂なすの田楽も
食べない我が家
でしたが…
夏といえばビアガーデンでしょ!!
→そーじゃないだろ。
お漬物は必ず
食卓にあったし、ちりめん山椒や
昆布の佃煮
などは常備菜。
買っといてよー。
私は常に
おじゃこがないと
イヤだった。
あと京都では
料理にかなりの
頻度で使われる
おあげさんも
常に冷蔵庫の中に。
京のあげ
おあげさんと
いえばカレー
うどんの中に
きざみあげが
入ってるのって
京都だけなんでしょうか?
あと納豆もうちは
常に買いおき
されてました!!
納豆
サイコー
関西人は納豆嫌いだと
いうが、私は今まで納豆が
嫌いな関西人に会ったこと
ないゾ。
マイブームの頃、1日
6パック食べていた。
調べてみると京都の納豆
消費量は東京の1/12だったが…。
ところで他の都道府県の
方々は自分とこの郷土
料理をお店に食べに
行ったりするのでしょうか??
秋田県
きりたんぽ
食いに行ぐべー
とか。
沖縄で地元の人に
家庭料理の
おいしいお店
教えてくださいー
ゴーヤチャンプルとか♫
って聞いたら
ボクら沖縄の
料理をわざわざ
外へ食べに行き
ませんよ
だから知らない。
あ…そう…。
と言われた。

沖縄だけ…？
あの青年だけ？
京都には懐石料理はもちろんおばんざいを売りにしたお店はたくさんあります。
大鉢にどーんと。おばんざいって家でつくってもどーんとできてしまいますね。
そしてかならず!!と言っていいほどおかみさん（お母さん）がワンセットになっている。
数年前に創作和食の店がはやりましたが…
やたらと材料に湯葉だの生麩だの京野菜だのを使用し「京都ですさかいに」感を前面にアピール。
和をベースにしたモダンな空間？みたいな？店が多い。
加茂なすがエライことになったはる!!
最初は新鮮だったが…
最近はお腹いっぱい…
それはそれでおいしいけどシンプルなおばんざいの方が私はスキだ。
んーまープロだと細工したくなるんだろーけど…
ちなみに我が家はダンナが料理にうるさく「だしの素」は禁止…。
料理は京料理料亭「菊乃井」の三代目、村田主人の料理本が教科書。
昆布とかつおで
めんどくせ
母に教えてもらえなかったけど…
ムフッ
娘ができたら京のおばんざいを教えてあげたりと思う。

其の十四
京都人の京都好き
I♥KYOTO
京都人の方もそうでない方もごきげんよう
しゅたっ
以前にも書いたと思いますが…
京都人は成人しても男女問わずあまり京都を出ません。
なぜならば!!
①商売人が多く実家のあとを継ぐため。
②大学が多いので。
③就職(主に大阪)しても実家から通えるため。
なーんてことが考えられますが…
それより何より
京都人は京都大好きっっ!!
Viva kyoto
そして…
京都人である自分が大好きなのでーーすっっ
そーどすえ
そーどすえっ。
お寺や神社、京都の文化に造詣が深かろーが浅かろーがみんなこの古都に誇りを持っているのだ。

うちの母なぞは旅行へ行ったとき
仲居さん↓
どちらからですか?
と聞かれて
京都です。
と、答えるのがたまらん気持ちいいらしい。
まぁいーですねーー
ホホホ
絶対うらやましがられるしなーーっ
別にあんたの手柄ちゃうし…
せやけどアンタっ!! 京都は世界中から憧れられてんにゃでっっ!!
さらに規模拡大。
キラッ
と、よく聞かされていたせいか…
世界の憧れ京都!!
と刷り込まれていた。
…が。
ヨーロッパをあちこち旅していた時に…
どこから来ましたか?
と聞かれて
Kyoto!
(です)
ーと、自信満々に答えたものの
日本
Tokyo?
Oh!!
NO!! Kyoto!
って、え? 京都知らないの? 世界の憧れ京都だよ…??
なんてことが一度や二度ならずあってから
なんや… 知名度めちゃめちゃ低いやん…
と、思い知らされたのでした。
日本
母よ…

また京都人は「京都はかなり都会だ」と思っている。
都会のイメージはなぜかモガ。
オホホ
それなりにブランドショップやセレクトショップもありそれなりにおされなカフェやバーもありそれなりに街を楽しむことができますよ。ええ。
でもね。
東急ハンズもないし
丸井もないし
パルコも
ヨドバシカメラ※もねーよっっ!!
にもかかわらず他の都市へ行くまでは都会なのだ。
私も大人になって日本のあちこち旅するまでソートーいけてると思ってました
もちろん東京、大阪には行くまでもなく「負けて」いることは承知してましたがね。
「勝ち」「負け」なのか?
担
※2010年オープン予定だそうな。
名古屋にもまぁ…薄々気づいてましたが負けてました。
名古屋といえばシャチホコってのはちょっとバカにしてないか?
ヨユーで負けでしょっ
オイっ
札幌にも…行くまでは勝ってると思ってました。
だって北国やん
↑イミ不明。
福岡にも…ヨユーで負けでした…。
たーらこー
ああ…もう負けたからって…
やりたい放題…。
たーらこー♪
はっきり言って広島にすら負けとりまっっす!!
高い所から発言。

仙台はまだ行ってないのでビミョーに勝ってるのではないかと思ってマス
くすくす
いやー…たぶん負けじゃないスか?
わかってる…。わかってるんだけどね。
よくファッション誌で都市別オシャレチャンピオンとかゆー企画、あるやないですか
Fashion
その街のオシャレさんの着こなしをチェックするというアレですよ。
グランプリ
山田花子さん(23)
あれに京都が入ってないとムッとするんだよねー(東京弁)
名古屋
東京
大阪
福岡
って京都は!?
福岡
そして京都は何でも特別。
特別がス・キ♥
京都は盆地なので夏は蒸し暑く冬は底冷えのする寒さ。
大
ほんま暑うてかないませんわー
とても困ってるふう。
京都の夏はー…
寒うて寒うてかないませんわー
底冷えしますさかい…
とてもとても困ってるふう。
困ってるふうな言葉の中に…「京都は暑さも寒さも特別ですわー」的優越感が漂っているのだ!!
京都ったら夏も冬も特別過ごしにくいんだから――♥みたいな♥
フフ

そんな京都人の京都好きは本屋へ行ってもわかります
手作り感いっぱい
京都本コーナー
大きな書店はもちろん町の本屋さんまでかならずといっていいほど〝京都本コーナー〟がある。
I♥KYOTO
昔は京都本といっても旅行者向けが中心であった。
ガイドブックやグルメ本など
るるぶとかね。
最近は京の包み紙やパッケージを紹介する本から京の音を集めた本(CD付き)まであり…
このマニアックさは…
京都人向けのコーナーになっている。
もちろん私も生まれ育った京都が大スキ!!
特に街を流れる鴨川がスキやねーん。
他から移り住むといたく住みにくい街らしいですが…。
タテマエ? ホンネ?
腹の内がわからなーい!!
…それにしても我が担当編集者Y上よ…。
えーと
これって錦市場《にしきしじょう》って読むんですか?
原稿
はあ?!!
錦市場《いちば》だよっ い・ち・ばっ!!! かの有名な!! 京の台所のっ!!
Y上さんよ…近江町市場は知ってますかね?
ええ! 金沢のね!! みやげはあそこで買うんですよーっ
あのヤロー…この担当のクセに…。小京都に負けたよーな このやるせなさったら…
ナニ?
どこまでも京都びいきのカツヤマであった。

「京都」は「京都」。
関西以外の他県で
店員さんなどに
関西の方なんですか？
と聞かれると
「はい」ではなく
京都です
と答える。
意識としては
こうではなく…
関西
和歌山
大阪
奈良
滋賀
兵庫
京都
こう。
関西
大阪
和歌山
滋賀
兵庫
奈良
京都
「関西ではない」と
思っているのでは
なくて
……ひとくくりに
すんなっていう…。

其の十五
京都人の思うよそのまち

そろそろ次の回を…
と担当Y上氏から催促のメールが。
うっ
メール
ヒ・ヒ・ヒ…
もう1ヶ月たったのか…早いねー一っ
くそう
他の仕事なら
イラストいただきましたいつも早いですねーー
いやあ…
なんつって余裕かませられるのに
ちくしょう…毎回便秘のような苦しさを味わわせてくれるぜ
ネタでない…
なに誌面つかって自慢&言い訳してるんスか
ええ、そのうえページ数もかせいでみました。
押忍!!
てなわけで毎回血ヘドを吐きながら描いてます。
そんな私の苦労を感じつつ読んでねっ♥
エヘッ
おもいわっ
う――ん。
今回のテーマ、他のまちのイメージはあくまで私の主観によるものですが、さほど的外れでないと自負しております。

まずは関西、"三都"と呼ばれる京都・大阪・神戸の関係ですが……
簡単に図にするとこんな感じでしょーか……
京都
両想い♡
×キライ
×苦手
スキ
大阪
神戸
△あまりスキでない
京都は神戸が大スキ♡
私もしょっちゅう友達と買い物に行きます
かわいー♡
大阪の方がはるかに近いしショップだって神戸より多いにもかかわらず。(大阪もたまに行きます)
「神戸で買いものしている自分」がスキなのか…?
旧居留地のオープンエアでお茶するワタシみたいな。♡
前回「京都人はあまり京都を出ない」と書きましたが…
←ナニ様?
神戸なら住んでもいいなー、
なんて人多いはず。
だって神戸には京都にない異国情緒がっ!!!
ザッ
文明開化の音が…。
京都が「和」なら神戸は「洋」!!
あまりに正反対なので単純に憧れられるのだ。
同じ理由で神戸人は京都がスキなのではないかと思われる。
伝統美♡
和VS和
これがたとえば金沢だとどーも素直になれないのよねーっ
なんだとーっっ!!
本籍石川県の担当Y上氏。
素敵なまちだってことは知ってる。けど素直にほめられない複雑な乙女心…

うちの母は
あんた…神戸にとついだら？
どこに相手おんねん!!
独身当時→
は？
…とよく私をそそのかしていた。
北海道でもええで
自分が遊びに行きたいだけ。
では大阪は？というと…？
大阪イメージキャラ✧おばはん
ヒョウ
がサがサしてる
うるさい
ドあつかましい
ケチ
下品なかんじ
ホホホ
かんたんしとくれやすー
などなどいいイメージありません
なに上品ぶってんねん…
大阪人のだんな→
ギ
く。
一代
熊
おまえ新世界をこよなく愛してるやんけ!!
ちっ
〝新世界〞。それはもっとも大阪らしいまち…。
バレたか…
でも住むのはイヤなの。
くしカツ
二度漬け禁止
私も5年間通勤してましたが大阪は働くためのまちです
大阪人は自分たちのまちに執着がないのか緑地や歴史的、文化的価値のある建物をわりとあっさり壊してしまう。
公園も少ないもんねーっ
だから住むのは……ちょっと…
立ちのみ屋多いのはいいんだけどね
ま
わしも京都人スキちゃうしな
腹黒いし。
じゃあ同じ古都である奈良は…？
んー
とくに感想ねーなー
それって1番失礼なのでは？

ライバル心から強がり言ってんじゃないの──っ?
いやいや!! とんでもないっ
むしろもっとクローズアップされてもいいのに!! とすら思ってますぇ!!
春日大社や東大寺法隆寺などの由緒ある神社仏閣から奈良公園や若草山などの自然スポットまで
見どころ満載なのにイマイチ観光地として不当な扱いとゆーか…
もっと前に出てもいいのに…とゆーか
めっちゃオ能あるのに
チャンスにめぐまれず
日の目をみないまま結核でこの世を去ってしまった不遇な作家…? みたいな?
ゴホ
ゴホ
喀血!!
なんじゃそりゃ。
だから文豪としては同情こそすれライバルにすらならない
──って感じ?
あんた、今もっそ(ものすごく)いやらしい顔してまっせ。
そーゆーことか。
そしてお隣"近畿の水がめ"滋賀県にいたっては…
なーんも遊ぶとこないやん
↑言っておくが京都にもない。
NO
滋賀県民は近場の京都へ遊びにくるため
SHIGA
KYOTO
滋賀県民にとっては京都は"都会"なのね…
ハハハ… いつでも遊びにきなさい…
などと大都会人気分を味わえる。
しかも!!
「兵庫県」↓「兵庫県人」なのに対して
「滋賀県」↓「滋賀県民」て。

「県民」ならまだいい…。
最悪は
賀作《がさく》
である…。
※「滋賀作」ともいう。
完全にバカにしている。
でもファミレスいっぱいあっていいやーん
京都少ないし。
でもファミレスってイナカに多いよね。
(東京弁)
自
わが弟が結婚し、滋賀に新居を持ったときは
都落ちか…。
と思ったりした。
弟よ…
※滋賀県の皆様、ごめんなさい。
では日本の首都である東京はどうなのか？？？
大阪人は同じ都会として憧れと負けてる感が複雑にからみ合っており
あげく
なぁ
あんな黒い汁のうどんよう食べんわ!!
と、唯一勝ってると思われる「うどん」を盾に、上に立とうとする。もしくは吉本系。
えーーっ 天素知らんの？
私リアルタイムで見てたでしっ
とかね。
UDON
京都人は
天皇さんをちょっと東京にかしてますねん
とか本気で思ってる人は
今でこそ少ないが
昔、都やったんは京都やし!!
的DNAは
京都人なら誰しもあるのではなかろーか。
そのへん大阪人より複雑かも…な…
ムムム
さて、今回のこのテーマ、この内容。私は一体何人の親戚を敵にまわしたでしょうか…。
えーと大阪のお義父さんお義母さん…
奈良のおっちゃんおばちゃんに
弟夫婦…それと…

大阪の学校で…
出会ったあ…。
大阪の専門学校に通っていた私。
そこで今まで身近にいなかった神戸人と友達になる。
○○ちゃんが行きよう
(行こうとしている)
あ、肩に虫ついとう
(ついてるよ)
がーん
行きよう?…
ついとう?…
イミはわかるけど…
京都弁とはもちろん大阪弁とも異なる言葉は
(でもまぎれもなく関西弁!!)
ちょっと不思議な感じ。
というか…ビミョーにショック…。
神戸のオサレなイメージと…なんか違う…
失礼?

其の十六
キョウトリビア1

秋ですね……。
秋になると京都特集の雑誌がやたらと出ますが……
そんな中、相変らず邪道をいく「問う京都」※!! しかも今回は京都トリビアでーす!!
明日使えるムダ知識をあなたにっ!!
メロンパン
へぇ
※雑誌連載時のタイトル
…それって「探偵!ナ○トスクープ」の困ったときの小枝頼み…みたいな…
担当Y
安易ーっ
鴨川
うわあああっっ
すまき
最近担当Y上のせいで私の中のSの血が目覚めつつ…
マルキド
これは京都人なら誰でも知ってるであろうネタから…
ムダ知識①
京都には、白いマクドナルドの看板がある。
マクドナルド
ハンバーガー
マクド(※)の看板といえばおなじみの赤色ですが…
※関西では「マクド」と略す。

京都市が定めた〝景観に関する条例〟により、場所によって看板の色や大きさが従来のものと異なっている。
白い看板の他にも…
御所近くのマクドは赤いベース部分が抜きになっていたり…
清水寺近くのマクドは看板がとても小さくなっています
まあ言われなきゃ気づかないもんです。
文字が浮いてる状態
McDonald's
ちなみに「au」やユニクロは色が反転していたり、「ローソン」は青色が濃紺になっている店も。
よーはケバケバしい原色使いなどはダメなんスね
探してみるとオモシロイかもね。
au
LAWSON STATION
UNI QLO
ムダ知識②
京都ではマンションは1階から売れる。
マンションに住むなら眺めのいい上層階に住みたいもの…
防犯の面でも1階は避けたほうが無難そうだけど…？
土地というものに、やたら執着の強い京都人。
地に足が着いていないと安心できないのだ。
どっしり。
これまた条例で高い建物を建てられないので京都人は高層の建物に慣れてないのかも…？
ひー
えー
なんてことはないか。
京都タワーで131m。
MAX
古塔で日本一の高さをほこる五重の塔は57m。

ムダ知識③
日本で唯一、県庁所在地が隣り合っているのは京都市と大津市。
京都
滋賀
イエーイ
だから何だと言われても困りまーす
ハイッ次!!
ムダ知識④
エジソンが発明した白熱灯には京都、八幡の竹が使われていた!!
キラリ
1879年、電球の発明に成功したエジソン。しかしこのときの発光時間は40時間しかもたなかった。
エジソンのつもり。
1881年、エジソン八幡の竹に出会う。の巻。
これだ!!
フィラメント部分に使用し2450時間もつ電球の開発に成功。
おおっ
12年後にはタングステンにとってかわっちゃいますがネ
ちなみに電球発明の記者会見で記者の
の、問いに
この発明を成功させるまでに何千回と失敗したそーですね
失敗?
は?
してないよ?
私は何千種類もの材料が電気を通さないってことを発見したんだから
ナニ言ってんの?
んーナイス☆コメント!!
ナイス☆前向き思考!!
八幡駅前にはそんなお茶目なエジソンの像や竹と白熱灯のオブジェがあります
隠れた(?)名スポットかも…
コワイ…

ちなみに八幡市は「発明のまち」。
プロペラ式模型飛行機を飛ばすのに成功した
二宮忠八が建立した「飛行神社」なる"なんじゃ？そりゃ!?"的神社もある。
カラスみたい。
ライト兄弟に先を越された二宮氏。
ちっきしょーっ
2時間の差で電話の特許をベルに奪われたグレイよりマシだって…
まぁまぁ
マジ!?
ムリ
ムダ知識⑤
京都のヤサカタクシーではバレンタインのみラブクローバー号が出現する。
以前にも紹介しましたヤサカタクシー伝説!!
京都のタクシー会社「ヤサカタクシー」のマークは三ツ葉だが、4台だけ四ツ葉があり、乗ると幸せになれるってヤツ。
四ツ葉でない「ラブクローバー号」とはなんぞや？？
LOV
VE
それは「2月13・14日限定で女性タクシーの三ツ葉がピンクになる」とゆーもの。
だからどーしたあぁっ
St. Valentine
まだ生きておったか…。
じゃ、このネタは…
あ…あの…カツヤマさん…
今回枠4Pしかないんスよねーー…。
なにーーーっ!?
ぎゃあああぁぁ…
↑桂川
ってことで次回もトリビアやり□。

其の十七
キョウトリビア2

カツヤマさん…実は今回も4Pしか枠とれなくて…
ナヌ!!
ブル
ブル
そ…それは人気がないからですかい?!
がくっ
何言ってるんスか!! ちがいますよ!!
ハハハ
2枚舌
ほら…手紙もこんなに…っ
ド
サッ
カツヤマ宛
全部同じ筆跡…
わぁぁっ
うたれ弱いな…※
※Sにありがち
死んでやるうううううっ
てやっ
ムダ知識⑥
清水の舞台から飛び降りた人は江戸時代の記録によると234人いる。
清水の舞台から飛び降りたつもりで買っちゃった♥
エヘ
とか「思いきったことをする」たとえに使われますが……
オレが飛び降りたり…
夫

昔は「命がけで飛び降りて助かれば願いが叶う」という民間信仰があったそうです
あー
れ～
清水の舞台は高さ13メートルもあるのだが生存率は85.4%とけっこう高い。
建物だと約4階
ちなみに最年少は12歳で最高は80歳代…
オヨヨ
いったい何が彼らを飛ばせたのか!?
ムダ知識⑦
京都には「京都時間」がある。
はたして京都時間とは…？
京都だけに特別な時間の流れがあるわけでもなく….
サマータイムみたいな。
『ちょっと遅れる。』ことをいいます。
明日午後2時によせてもらいます――
と、約束した場合
5〜10分くらい遅れて伺う
こんちはー
これは遅刻などではなくて
いらっしゃい
「早く着いてしまうと迷惑になるかも…」という、相手をおもんぱかる京都人の〝繊細な心配り〟から生まれた習慣らしい。
といえば聞こえはいいが…
よそいき以外の状態を他人に見られるのをひどく嫌う京都人。
10分前
なんやあの人!! ゆーてたよりもはよ来やはって… こっちは用意できてしまへんがなっ!!
――と、陰で言われかねないってのが本音では？

ムダ知識⑧
京都には糸をひかない納豆がある。
関西人があまり食べないとされる納豆…
糸をひかないその謎は…？
大徳寺納豆!!
茹でた大豆と大麦の粉を合わせ麹菌を発酵させた後、乾燥させて熟成したものであーる。
私は大スキ
「塩辛納豆」、「寺納豆」とよばれている
同じく京都には「天竜寺納豆」、他では浜松市の「浜納豆」などが。
「大徳寺納豆」は一休禅師によって寺に伝えられたそうだ。
一休禅師
肉食を禁じられていた僧侶たちの貴重なタンパク源だったとか。
肉…
肉…
肉くいてー
見た目は正露丸のよう。
塩味がきいていて深い味わいがあります
料理の隠し味にどうぞ!!
私はお酒のアテにそのままチビチビ食べるのが好き
けっこー楽しめる♫
あとはお茶漬の梅干しや昆布の代わりにも。
大徳寺近くの店や市場、スーパーなどでも買えます。
ちなみに糸引き納豆なら地元特産の「紫竹納豆」がオススメです♥
京都
紫竹納豆
大粒でややらかく匂いもひかえめ！
私の実家もこのブランドを好んで食べてます♥

ムダ知識⑨
京都は男性用カツラの需要が全国1位！
太秦で時代劇の撮影に使うから…？
ヅラ
……ではなく
生臭坊主が夜遊びをするため!!
なのである。
酒もってこーいっ
ヅラ
同じ理由で帽子の売り上げもトップレベルと聞いたが…？
隠せばいーってもんじゃ…
まぁ坊主といっても人間…
あそびなはれ… 酒のみなはれ…
これまた配達のバイトをしていた時の話。
某寺の僧宛にちょくちょくレコードが届いていた。
ワレモノ
なんでも夜はDJの顔を持っているらしい…。
BOZU
DJやりなはれ…
「坊主頭」も「スキンヘッド」でおされな感じになるわけやね…
日本一といえば意外なところで『牛肉』消費量も1位。
うちも牛肉のおかず多かったなー
そーいや
牛肉のおかずは簡単だからです!!
エヘッ
9コで終わり？きりよく10コやってくださいよーー…
はっ
だって…4Pしか…もらえ…
担当Y上氏
うわあああ
清水
また来週(ウソ)!!

其の十八
京都珍名所巡り①

京都に来る観光客はリピーターが多い。
そこで…
もうたいがいの名所はまわってしまったしナー
という京都観光上級者のあなた!!
もしくは…
メジャーな所へ行ってもつまんねー!!
「俺はマニュアル人間じゃないんだ!!」などと的ポリシーをもつあなた!!
けっ
おまかせください。
有名だろーが無名だろーが私、カツヤマの独断と偏見で
珍 とするスポットをご紹介したりと思います!!
きゃっ
折しも暦は11月。燃えるような紅葉には目もくれず、行ってまいりました2泊3日の"京都珍名所巡り!!!"
舞妓はんも懐石料理も隠れた名店も出てはきませんのであしからず。
このての情報は「る○ぶ」や「まっ○る」でどうぞ!!
期待すんなよ!!
してねーよっ

珍名所①
一条戻橋《いちじょうもどりばし》
堀川に架かるこの橋…
全然目立たない橋ですが伝説満載です!
嫁入り時は近づくな!!
戻橋
ぽつり。
平安時代、漢学者三善清行の葬列がこの橋を渡っている時息子の浄蔵が熊野より帰ってきた。
父上!!
んで、神仏に祈ったところ、父がしばし蘇生し別れを告げたという…。
よお
ドリフ?
うわーー。
源頼光の四天王の1人渡辺綱が深夜、この橋の上で美女に化けた鬼女におそわれた。とか。
安倍晴明が自在に操る式神を普段はこの橋の下に封じ込めていた。とか。
近くには「晴明神社」があり陰陽師ブームのおかげで女性の参拝者が絶えない。
おみやげは五芒星のアップリケがついたグッズはいかが?
わー!!。
「これであなたも陰陽師!!」的立て板有り☑。
しかし…
角が丸くてもはや五芒星でもなんでもない!:
ええんかい。
パンケース

珍名所②
釘抜き地蔵さん
(石像寺)
地元では「釘抜きさん」と呼ばれています！
室町時代の豪商、紀ノ国屋道林が突然手に激痛をおぼえ、願をかけにこのお寺に来た。
いてぇ
ズキ
ズキ
境内には大きな釘抜きが。
すると…お地蔵さんが夢に出てきて
前世で人を呪いわら人形の手を打ったからだ
と言い、手から八寸釘を抜いてくれた。
起きると痛みはなくなっており寺には朱に染まった八寸釘があったという。
以来、体の痛みに苦しむ人がたくさんおとずれる。
釘抜きと釘の絵馬がお堂の四方にびっしり✧
現代アートみたいです
スゴイ！
入口付近に貼ってあるありがたいお言葉が…
ん？
恐れは怒りに 怒りは憎しみに 憎しみは苦痛へとつながる 恐れはダークサイドに通じる
映画「スター・ウォーズ」よりマスター・ヨーダのことば
たぶん定期的にかわると思われる。
マスター・ヨーダのことばかよっ!!
がちょーん
経典からにしてー

珍名所③
千本釈迦堂《せんぼんしゃかどう》
鎌倉初期に建てられた本堂は京都市内最古の仏堂。
柱に応仁の乱の刀傷あり!!
国宝
その境内にあるおかめ塚
かなりデカい。
どーーん
お亀さんはこの本堂を造営した棟梁の妻。
棟梁の高次はお上から預かった柱の1本を誤って短く切ってしまう。
NO!
見かねたお亀が
アンタ…
残りの柱も切って斗栱《ますぐみ》をしてはどうですか?
とアドバイス。
斗栱
柱
無事に本堂は完成するのだが「女の知恵で棟梁の責任を果たしたと世間にバレては夫の恥!!」とお亀は自害してしまうのだっ!!
ええ〜っ
時代とはいえ…そこまでせんかて…
と、ちゃっかりツアー団体に混ざり説明を聞くカツヤマ。
へ〜〜
"珍"的見どころは本堂に何十体とあるおかめ人形です!!
うわー
また"ぼけ封じ観音像"もまつられているのだが…
観音様に抱かれて子供返りしたようなおじいさんとおばあさんの表情が
深いっス!!

珍名所④
千本ゑんま堂（引接寺《いんじょうじ》）は
平安の歌人 小野篁（おののたかむら）が刻んだ閻魔法王をまつったのが始まり。
毎年5月には京都の三大狂言"ゑんま堂大念仏狂言"が上演されるという歴史も由緒もある寺ですが…
ぐは
殺伐!!
境内がコンクリの駐車場にっっ!?
いいんスか？
しかもふと左を見ると…
手作り感あふれる閻魔様がっっ!?
しかも屋根の上に。
わっしょーいっ
ビニール張り。
火の用心…って…。
火の用心
ちなみに境内にある紫式部の供養塔は重要文化財です!!
なのに――…
がんばれ!! ゑんま堂!!
しゅたっ
と、心からエールを送りつつ次は…
珍名所⑤
大将軍商店街
へと向かう。
北野天満宮のほど近くこの商店街のある一条通りは平安時代の怪異伝説"百鬼夜行"で有名。
古くなった道具が捨てられた恨みから妖怪になって夜な夜な行進するという…
"百鬼夜行"で商店街を活性化させようってことで…

それぞれのお店の前には手作りの妖怪たちがっっ!!
ズバーン!
なるほどお釜の妖怪ですな…
パン屋さんにはパンの妖怪……って道具は!?
食パン→
ズドーン!
ってもう完全にこの店の主人やん!!
意外にしっかり作ってある…
魚屋前
そして商店街なかほどの「御食事処いのうえ」でお昼。
昭和の香り漂うフツーの定食屋さん
営業中
フム。
なんとこのお店には妖怪ラーメンなるものが!!
おおっ
スープは黒!! 麺は紫!! そして真っ赤なパプリカが一面に!!
¥750
目玉の正体はピータンか!!
※カラーでお見せできないのが残念です…。
見た目よりあっさりで…ウマイ!! ボリュームもある。
よーかいアンテナ
近所の人ばかりのようで、このラーメンを食べている人はいなかった…。
ハンバーグ定食とか食べてる。
チラッ
そしてラーメンを食べた直後にもかかわらず、近くの「山田コロッケ店」でコロッケを買い食いするカツヤマであった…。
食べ歩きも旅行者を装えば気にならなくってよ♥

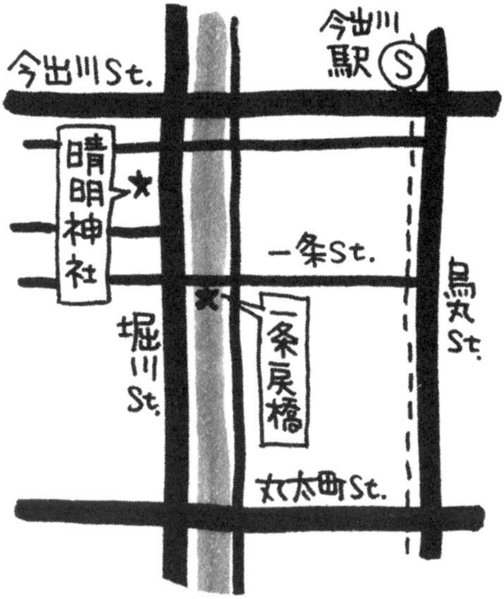

◉晴明神社

【住所】〒602-8222
京都市上京区堀川通一条上ル806
【電話】075-441-6460(社務所)
【URL】http://www.seimeijinja.jp

◉釘抜地蔵〔石像寺〕

【住所】〒602-8305
京都市上京区千本通上立売上ル花車町503
【電話】075-414-2233

◉千本ゑんま堂〔引接寺〕

【住所】京都市上京区千本通寺之内上ル閻魔前町34番地
【電話】075-462-3332
【URL】http://yenmado.jp

◉千本釈迦堂〔大報恩寺〕

【住所】〒602-8319
京都市上京区今出川通七本松上ル溝前町
【電話】075-461-5973

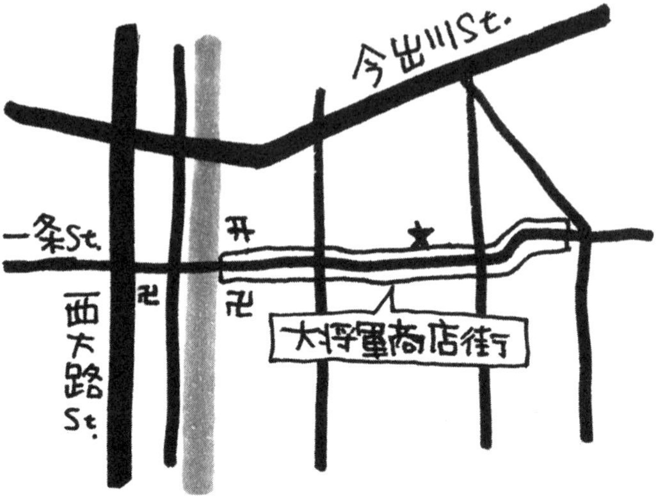

◉大将軍商店街

【住所】〒602-8375
京都市上京区一条通御前西入ル2丁目大上之町75
【URL】http://www.kyotohyakki.com

珍名所巡り おまけ①
★あちこち行くのに初めて市バスの一日乗車券を買ってみた。
3回乗れば元が取れます
500円
デザイン、も少しなんとかしろよ。
3日間、毎日買ってさんざん乗りまわした最終日。飲みに行ってたら終バスなくなる。
仕方なくタクシー
ホロ酔い
今、観光シーズンで書き入れ時っすねー
いやー市バスが1日乗車券なんか売るからあがったりですわ!!
怒
ぎくっ!!
あ…そんなのがあるんスか…
なんつって…
市バス…恨みかってますよ。
★晴明神社から堀川～千本をウロウロしていた時、ふらりと「本法寺」というお寺に入ってみた。
南には人形供養で有名な「宝鏡寺」がある
ほんと大小たくさんお寺あるなー!!
てくてく
ガラガラ
すいませーん
キンコーン キンコーン
拝観ですか?
住職さん登場。
あわててニット帽をとる(笑)
貸し切り状態で由緒ある庭をひとり眺める。
知らへんだけでえーとこがまだまだあるんやろなー…
うっとり…
なんて感じ入りつつ贅沢なひとときを味わいました。

其の十九
京都珍名所巡り②
ガイドブックにのらない京都ツアー第2弾!!
今回はキッチュでディープな穴場？スポットをご紹介します!!
まずは私が31年間、一歩も足を踏み入れたことのなかった超有名な建築…
そう!! それは!?
珍名所⑥ 京都タワー
どーん
131m
京都駅の正面に立ち、京都一の高さを誇り、京都人なら誰もが知っている…が、ほとんどの人が行ったこともなく「ちょっと恥ずかしい」とすら思っているであろうこの建造物。
リサーチの結果私のまわりでも行った人はほぼ!!いませんでした
あはは…
誕生したのは昭和39年。45年前である。内部に入らずとも昭和の臭いがプンプンするのは外観のせいか。
京都人の多くは和ロウソクをイメージして造られたと思っているが本当は灯台をイメージしている。

1階は名店街。西陣織やら清水焼やら生八ッ橋やら漬物やらとわかりやすすぎるみやげが並ぶ。
40年間商品変わってないのでは…?
たわわちゃん発見!!!
開業40周年を記念し誕生したキャラクター
"たわわちゃん"は京都の大学生3人による"京都タワー研究会"(略してタワケン)によって考案された。
タワケンは頼まれもしないのに"タワー体操"まで作り、踊り、あげく京都タワー株式会社に認可させた強者である。
タ〜ワ〜たいそお〜♪
ぐいん
ぐいん
ぐいん♪
しかし…タワー体操…直視できませんっ!!
注・全員女子
これ以上、どこへゆくのか京都タワー…。
ちなみにたわわちゃんは大阪、通天閣のビリケンさんと友達だそうな。
だから何だといわれても…
チケット770円
そんなことはさておき展望台へ。
朝イチのせいか!?私1人…。
耳障りなくらいコテコテの京都弁アナウンスを聞きつつ15階へ。
……どすえぇ
おお!!
360°京都の街を一望できる。それなりに見ごたえアリ。
しかし天井低いナ…

うちの家見えるかなー?
何も名所がない方向。
何見てんだ? あの人…
見えるわけない…
13階には"展望レストラン" 地下には"大浴場"がある。
案内
大浴場… ここはおさえておかないと。
昔、ロウ人形がたくさん展示されていたらしいが今はもうない。
タワーにロウ人形はつきものではないのか!? 残念!!
ロウ人形を撤去したわわちゃんなる愛らしいキャラを作り起死回生をねらうもうらぶれ感はぬぐえず京都人にも足を運んでもらえない哀愁漂う京都タワー…。
……。
コンピューター手相占い
京都タワー展望記念
なんか配置がテキトウ。
デパートの屋上遊園地のような空気感がたまりません。
珍名所⑦ 五條楽園
戦後の売防法によって一気に衰退してしまった遊郭街。
入口(?)の看板
五條楽園
鴨川の西。五条通りの南。
ほとんどのお店は看板をおろし民家になっているがところどころにかわいい装飾が見られる。
ステンドグラスの窓。

無国籍風のタイル張りの家
丸と四角の重なる変な窓
家の壁に鳥居がくり抜かれ中にはほこらが
そんな異空間の一角には京都のオサレっ子に人気のカフェ『エフィッシュ』がある。
鴨川側全面ガラス張り
珍名所⑧
島原
島原大門
島原の花街《かがい》は天正十七年、秀吉の公許を得、街の中心部に開かれた。その後二度の移転劇がありその様子があまりに慌ただしく、当時の九州島原の乱に似ていたことからこの名がついたのだそうだ。
私は関係ありませんョ
天草四郎
一時は繁栄を極めたが移転後は街から離れてしまった為、衰退していった。
フツーの住宅地だナー!!
キョロ
キョロ
大門をくぐっても花街の面影はほとんどない。

現在、島原に残る置屋（太夫をかかえる店）と揚屋（太夫と料理で客をもてなす料亭）をかねた『輪《わ》違《ちがい》屋《や》』。今も営業を続けているが一見さんはお断り。
最近はお座敷にあがれるツアーがあるそうです
輪違屋
角屋
太夫
太夫は芸妓の最高位。ちなみに花魁は娼妓の最高位。
日本で唯一、現存する揚屋様式の建築。現在は『角屋もてなしの文化美術館』として期間限定で公開されている。
へーっ 知らなかった…
パンフ
係の人が説明してくれる
1階もすごいが予約のいる2階のお座敷は必見!!

島原はたんなる遊郭と思われがちだが、文化レベルの高い花街なのである。
島原を"珍名所"などとするにはあまりに失礼なスンバラシースポットでした!!
京都人もあまり行ったことのない角屋さんは本当におススメです✧

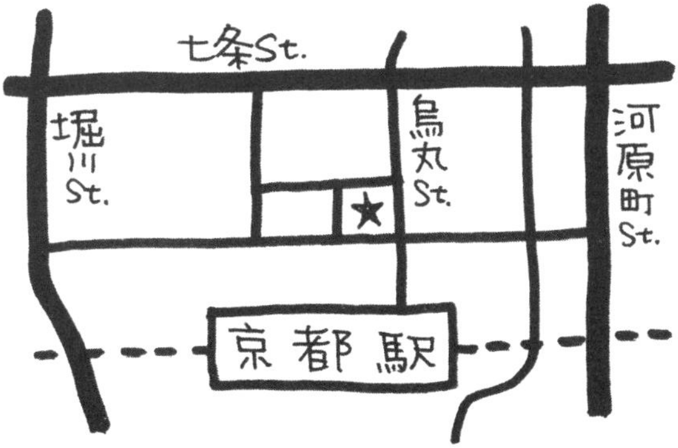

◉京都タワー

【住所】〒600-8216
京都市下京区烏丸七条下ル(JR京都駅正面)
【電話】075-361-3215
【URL】http://www.kyoto-tower.co.jp/kyototower

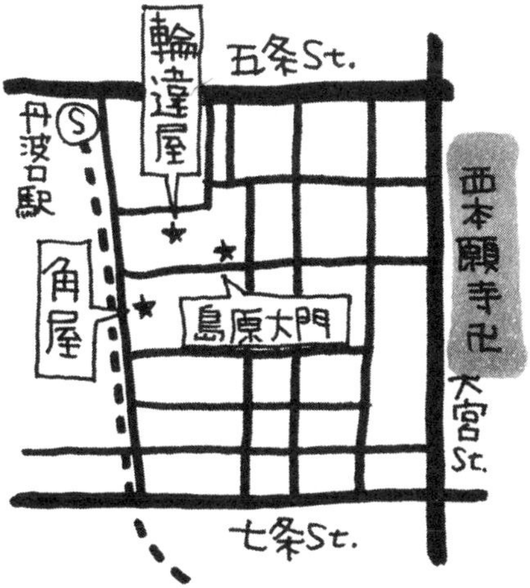

◉角屋もてなしの文化美術館

【住所】〒600-8828
京都市下京区西新屋敷場屋町32
【電話】075-351-0024
【URL】http://www16.ocn.ne.jp/~sumiyaho/index.html

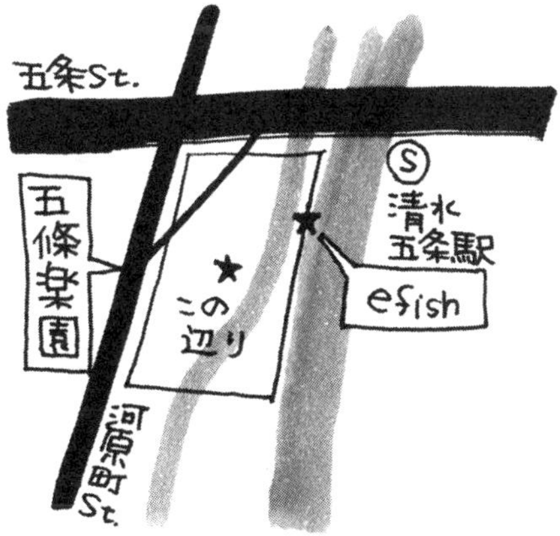

◉efish

【住所】〒600-8029 京都市下京区木屋町通
五条下ル西橋詰町798-1
【電話】075-361-3069
【URL】http://www.shinproducts.com

しかし私的には気に入ったぜ!京都タワー!!

ディープ!!

其の二十
京都珍名所巡り③

今回も4Pだそうです。
人気がないからではあまりありませんョ
あまりありません?!
日本語おかしくないか? 編集者Yよ…。
という訳で38Pの超スペクタクル大長編を泣く泣く4Pにまとめなおしました。
ウソつけ!!
ゆえに今回は1カ所のみのご紹介となりますが
珍名所としては超オススメです!!
珍名所⑨
地《じ》主《しゅ》神《じん》社《じゃ》
地主神社はかの有名な『清水寺』の境内にある。
なので地主神社目的の人も清水寺の拝観料300円を払わねばならない。
なんか納得いかねーなーボク…
「キヨブタ」はいいんだよう?
さて
季節を問わず、年中思春期ど真ん中の中学生で溢れるこの神社。メインは縁結びだが……?
縁
えんむすびの神
地主神社
良縁祈願

あらゆる悩みに対応します!!
ご利益テーマパークへいらっしゃーい!!!
状態なのですよ!!
はうあっ
神社会議で
んーもっと他にも祈願ないかナーーっ
・恋愛運
・開運
・良縁
芸事はどうスか!?
それいただき!!
採用っっ!!
みたいなノリで増えていったとしか思えないほど祈願の種類は多様なのだ。
まずは階段をのぼってすぐ。
この神社の祭神『大国主命《おおくにぬしのみこと》と命を救われた因幡《いなば》の白うさぎ像』。
その脇に巨大な打出の小槌が。
えんむすび
地主神社
どないせーっちゅーねん
ジャラ…
鎖につながれている。
縁結びの神
『恋占いの石』
うわー中学生くいつきそーー
縄文時代の石だから
どーなんだ!? 的この石ころ。
本殿の前に2つ離して置かれている。
恋占いの石
目をとじて一方の石から反対の石へ無事たどり着くと恋が成就するらしい。
フラ
フラ
フラ
もっと左ーーっ
ちなみに人の手を借りると「人の助けによって成就する」のだそうな。
どっからのっ!!
誰からのいわれだよっっ!!
と、ツッこまずにはいられません。

『栗《くり》光《みっ》稲荷《いなり》』
商売繁盛、家内安全、開運招福を一手に引きうける。
は、いいとして手前の巨大ガラスケースの中にうさぎのぬいぐるみがあるのだが、でかすぎてさっぱりかわいくない。
これをおく必要はあるのか…
このへんが神社としてまちがってる気がする。
『祓戸大神《はらえどのおおかみ》』
心についた不浄を払い清めてくれるらしい。
そのかたわらにある『人形《ひとがた》祈願所《きがんしょ》』
願い事と名前を書き、水をはった桶に浮かべると文字を残して人形は沈んで溶ける。
おお…
ぶわわ…
『撫《な》で大国《だいこく》』
撫でられてピッカピカ
良縁や安産その他、とにかくなでればご利益アリ。
『しあわせのドラ』
神
縁
また新しいアトラクション？か っ!!
でたっ!!
手で3度叩いて願い事をする。音の余韻が長ければ長いほど願いが神さまに届くらしい。
ゴーン
音が短いと信心や努力が足りないんだとさ…
ゴィィィィィ
言ったもん勝ちやな…
これも会議で提案か!?
コレどお？

そのほかにも
水をかけつつ祈願する『水かけ地蔵』や
紅白の紙にうずもれた『良縁大国《りょうえんだいこく》』や
どんな願い事でもひとつだけかなえてくださる『おかげ明神《みょうじん》』
のっぺらぼう。
契り
男は白の女は紅の私(?)に良縁をお願いし結ぶ。
今さらひとつってなぁ…
と、これだけの神様が狭い境内にひしめいているのだ。
お賽銭のトラップだらけや〜っ
あははー
ご丁寧に神様案内マップもあります。
ちなみにお守りの数もハンパない。
愛のちかい¥2,000
キューピッド¥1,000
「ラブチャンスに恵まれます」ってか…
チャラいなー」
その数20種類以上。
そしてンも〜〜〜これでもかっ!!!
というハッピーハッピーハッピー超ハッピーなムードの中…
地主神社一番のみどころ!!!
丑の刻参りの杉!!
おかげ明神の後ろの祈り杉には無数の五寸釘の跡が生々しく残っている。
うわぁ…
マジおか!?
このギャップがたまらない地主神社
30歳以上の独身女性はけっして一人ではいかないでください
いろんな意味でこわいです。

其の二十一
京都珍名所巡り④

今回は東山界隈のミステリースポットを紹介したいと思います
といっても出るワケじゃありません。
出るのは某有名旅館○屋です。
ドロロ…

珍名所⑩
六道《ろくどう》の辻《つじ》
六道之辻
東大路松原西入ル。
六道珍皇寺の門前辺りは古くから葬送の地であった鳥辺山の麓にあり、あの世とこの世の境域と考えられていた。

冥土への通路として"六道の辻""死の六道"と呼ばれていたそうです
"ちなみに東側の"轆轤《ろくろ》町"は昔"髑髏《どくろ》町"であったそうだ…
生々しい…
六道之辻
この辺りは昔、姥堂《うばどう》や愛宕《おたぎ》寺、閻魔堂、六波羅密寺などが立ち並び、清水詣での人や葬送の人々が往き交う特別な道として発達。
六波羅密寺の空也上人立像

この六道の辻近くに店をかまえていた飴屋の有名な伝説があります☆
出産を間近に亡くなった女性が幽霊となり、夜になると飴を買いに来た。
飴を一文がとこわけておくれやす…
夜中なんですけど…？
不審に思った主人が後をつけると女性は墓地で消える。
どひゃーーっ
フッ
寺の住職と棺をあけると飴をしゃぶった赤子が入っていた。この赤子は後に高僧になったという…。
同じオチの伝説は全国にあるらしい
飴が焼き餅だったりね。
珍
この伝説にちなんだ飴は六道の辻近く『みなとや幽霊子育飴本舗』で買える。
幽霊 子育飴
ええ話や…
珍名所⑪ 六道《ろくどう》珍皇寺《ちん（のう）こうじ》
前にもふれた平安時代の歌人小野篁《おののたかむら》が建てたという説もあるが定かではない。
飴はべっこう飴をくだいたような感じです。
彼は昼間は内裏に勤め夜は閻魔大王に仕えていたという伝説があるが…
お茶はいりましたー
ムゥ。
六道の辻

本堂の庭にある井戸が閻魔王庁への入口だったらしい。
いってきまーす！
冥府へ
んー…木戸越しにしか見れないのが残念…
よくわからん…
境内には精霊を冥土から呼び寄せる"迎え鐘"があります。
お堂の中に隠れているがひもが出ていて引くと鳴らすことができる。
珍名所⑫
安井《やすい》金比羅宮《こんぴらぐう》
悪縁を切り良縁を結んでくれることで有名。
鳥居をくぐってから本殿までの参道…
AOI HOTEL
横の壁がラブホなのがシュール…
左手にはまた別のラブホが灯籠寄贈してるし…。
HOTEL サンデーブランチ
多いのか…？この辺…。
そしてここにもありました☆
神社アトラクション"縁切り縁結び碑《いし》"!!
どーーん!
【利用方法】
① 形代《かたしろ》に願い事を書く。
② ひしと握って表から裏、裏から表へくぐる。
悪縁を切る
裏
表
良縁を結ぶ
お守りやお札だけでは物足りないあなたにオススメ!!

③形代を碑にはって祈りましょう。
形代でおおわれている。
その内容たるや…
どれどれ？
タケシが鬼嫁と別れますよーに。そして今日子と一緒になれますよーに。
とか
里子がダンナと別れますように。俺が幸せにします。
んまーみなさんエゴイスティック!!
縁切りとは"男女の縁"に限らず"病気""酒""煙草""ギャンブル"などの悪縁を切ることも含まれるわけですが…
ほぼ男女っスね！
神だのみに至るまでの過程が怖いよ!!
そして日も暮れかけた頃…
ん？
BGMに四六時中中島みゆきが流れてそーな女性が一人くぐってました…。
手編みっぽいケープ
絵になりすぎ!!
うわあ。
私はばっ何も見てませんっ!!
ゴッゴッ
目ェ合わせらんねーっ
金比羅宮…ギトギトでサイコーです
マジ怖かった…。
友だちが貴船で丑の刻参りしてる女の人を見た怖さにはおよばないけど…。
そして安井金比羅宮…。"絵馬館"があるのはまだいい…。しかし"ガラスの部屋"ってなんですか!?ナゾ!!
ガレやラリックの小作品があるらしい…。
見たな。

◉京都地主神社

【住所】〒605-0862
　　　京都市東山区清水一丁目317
【電話】075-541-2097
【URL】http://www.jishujinja.or.jp

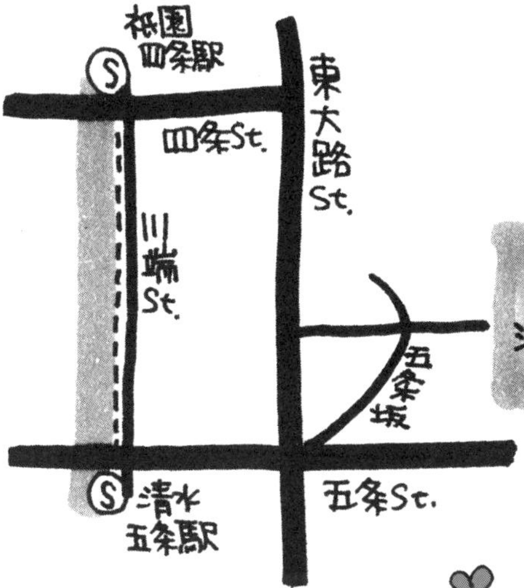

◉六道珍皇寺

【住所】〒605-0811
　　　京都市東山区東大路通松原西入ル小松町595
【電話】075-561-4129

◉安井金比羅宮

【住所】〒605-0823
　　　京都市東山区東大路通松原上ル下弁天町70
【電話】075-561-5127
【URL】http://www.yasui-konpiragu.or.jp

京都珍名所巡り⑤
其の二十二
京都に旅行するなら歴史ある名旅館に泊まりたいと思うでしょうが…
ヤツらは格式も高いが値段も高いぜっ✧
私は断然!! ゲストハウスをおススメします!!
てててて…
私もタイや東欧ではお世話になりました✧
バックパッカー御用達!!
京都に30軒以上あるゲストハウス。中には京町家を改装したものもあり気軽に京都をあじわえる。
1泊ドミトリーなら2・3千円くらい、個室でも1室4・5千円で泊れます!!
安い!!
しかし魅力は安さだけではありませんのよ。
フフ。。
ってことで今回は京都人のくせに京都のゲストハウスに泊ってみることにしました
一週間前でも予約取れたよ。

珍名所⑬
船岡山界隈
私が泊まったのは西陣、船岡山のすぐ近く『月光荘』。
うわーざっくり!!
山というよりは丘? すぐに登れる船岡山
宿帳
いらっしゃいませ!!
どちらからですかー?
京都です
なぜ私がこのゲストハウスを選んだかというと…。
マイフェイバリット銭湯!! 『船岡温泉』がすぐ近くにあるからです!!
元は料亭旅館だったという風格のある門構え。
銭湯ファンのあいだでは「日本最強の銭湯」といわれているらしい
大正12年から京都人に愛され続けているこの銭湯。
何がスゴイかって…脱衣所ですよっ!!
天井には極彩色の天狗の彫り物が!
男・女を仕切る壁の欄間には日本軍の透かし彫り。

カラフルなマジョリカタイルもあちこちに使用されている。
写真撮れなかったので浴場はウロ覚えです！スイマセン!!
銭湯の中では広い方だと思います
露天風呂もあり男風呂、女風呂は日替わりで入れ替わる。
私は向かって左側の方が好き、♥
狭いけど露天風呂がいいのよ。
サウナもあるよ。
はあああぁ
昔のマッサージ機
たった390円※で超極楽。
ゴウン
ゴウン
ここは銭湯だった建物を改装したカフェ。
男・女風呂を仕切る壁が残っている。
そして風呂上がりに向かったのは歩いて3分ほどの所にある『さらさ西陣』。
天井が高く天窓になっていて開放感がある。
さらさは数店舗あり京都では人気のカフェ

※私が訪れた2007年当時の料金です。

地元なのにすっかり旅気分の私。
宿用のビール
宿に戻ると1階の共有スペースは宴たけなわ。
ただいま~~
ビールやおつまみを安く買える。持ち込みもOK!
わははは
なつかしのコタツ
へー北海道から~…
全国の人たちと知り合える。
もう一週間経ちました
もちろん外人さんも多い。
ニコッ
言葉が通じなくても笑顔でコミュニケーション!!
へらっ
ほんで明日どーすんねん
日本語しゃべれんのかいっっ
しかも関西弁。
日本人
ドミトリーは2階。2段ベッドの他に畳部分もある。
誰か寝てる…
そおっと…
ZZZZZ
寝る前にも1回お風呂行こーっと
観光だけじゃないこんな楽しみ方もぜひ体験してみてください。
ちなみに近くの観光スポットには大徳寺や今宮神社があります。
今宮神社門前名物あぶり餅。

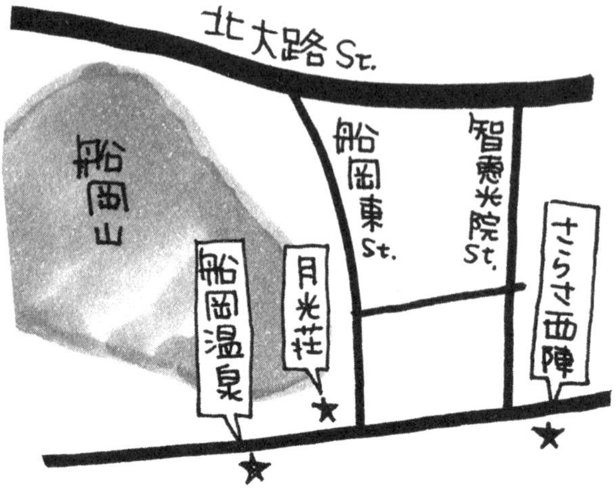

◉船岡温泉
【住所】〒603-8225
京都市北区紫野南舟岡町82-1
【電話】075-441-3735
【URL】http://www.geocities.co.jp/SilkRoad-Desert/6711

◉月光荘
【住所】〒603-8225
京都市北区紫野南舟岡町73-18
【電話】075-200-8583
【URL】http://www.gekkousou.com/2007/kyoto

◉さらさ西陣
【住所】〒603-8223
京都市北区紫野東藤ノ森町11-1
【電話】075-432-5075
【URL】http://sarasan2.exblog.jp

其の二十三
京都珍名所巡り⑥

くるしまぎれの↑言っちゃった♥
珍名所巡りも今回で終わりです
ふ〜っまぁまぁひっぱれたな。
珍
ってことで最終回は京都のローカル線"京福電鉄嵐山線"の沿線をご紹介します!!
嵐山を終点とするこの路線は「嵐電《らんでん》」と呼ばれ親しまれている。
北野白梅町
嵐山
四条大宮
今回は嵐山〜大宮間の駅を旅してきました
どちらからも行ける。
珍
ちなみに嵐山駅の構内には足湯があり、150円(タオル付)で入れます。
一本とばして次の電車にしよう…
ついつい長居。
珍
ホーム→

START
嵐山
車折神社
珍名所⑭
車折神社《くるまざきじんじゃ》
清原頼業《きよはらよりなり》をまつり商売繁盛の神として知られるこの神社の境内には『芸能神社』がある。
天岩戸《あまのいわと》を踊りを踊って開けさせた天宇受売命《あまのうずめのみこと》をまつっている。
だから芸能なのね
本殿はやったらベタベタと千社札が貼られてりて、かなりムザン。
ケイコ
これを貼った人はご利益を受けたいのか罰が当たってほしいのか…
うーん。
びっしり!!
玉垣には有名な芸能人の名前も多くある。
鳥居の左、目につくところにはやはり大物が。
横文字の芸能人の玉垣はなんかマヌケ。
米倉涼子
西田敏行
松平健
EXILE ATSUSHI
「あの人は今!?」的芸能人の玉垣もあり、見ているとおもしろい。
祈願の種類もさすが芸能…
★公演成功祈願
★芸の上達祈願
★ヒット祈願
★人気上昇祈願
などなど。
しかし、いかにも「近年考えました」的祈願があると興醒めするのは私だけか…。
人気上昇か～っ なんか泣かせるね。
商魂見たり!!

帷子《かたびら》ノ《の》辻《つじ》
珍名所⑮
蛇塚《へびづか》古墳《こふん》
駅から歩いて10分。京都人にもあまり知られていない『蛇塚古墳』を見に行く。
なーんの案内板もない…
キョロキョロ
完全に観光名所として扱う気ないな？
全国で4位の規模なのに…。
観光資源のない市ならまんじゅーのひとつやふたつ作ってるところだぜ？
ようこそ!! 蛇塚の町
へびまんじゅう
これだから京都って…。
自慢？
などと思いつつ歩いていると住宅街に突然現れる。
どーーん!
ひゃーっ周りを家が囲んでるやん…
へんな光景…。
かつては前方後円墳だったそうだが墳丘の土は失われ、石室だけが残っている。
中に入れないのが残念…
ちえっ
さくっと次へ。
帷子ノ辻
太秦《うずまさ》広隆寺《こうりゅうじ》
珍名所⑯
東映《とうえい》太秦《うずまさ》映画村《えいがむら》
修学旅行生には根強い人気のこのスポット…
京都人は観光名所としては認めてりません…
たぶん。

常に時代劇や映画の撮影をあちこちでやっていたり、
静かにお願いしまーす!!
撮影中の場所は終わるまで入れない。
この時は「大奥」の撮影してました。
スゲ
そこ言ってるのにさわぐ中学生。
テレビなどでおなじみのオープンセットに入れたりとなかなか見所いっぱいなのだが…。
銭形平次の家
いかんせんセンスが悪い。
悪すぎる…。
ザバー!!ッ
なぜ江戸の町の池(海?)から恐竜が!?
これ…私が5歳の時に見た記憶が……
まだあったのか…。
ビミョーにリアルな生首と拷問道具の並ぶ牢屋。
「日本のアングラ文化を垣間見ることができます。」って…。
男前
15分ごとに地響きと噴き出す水と共に岩山の上から現れる三面獣。
時代どころか何もかもを無視。その横にはお茶屋って…。
コンセプトがまるで不明…。
とりあえず(?)そば食べてビール飲んで帰る。
ずずー…っ
ブシューッ

太秦広隆寺
蚕ノ社
珍名所⑰
蚕ノ社《かいこのやしろ》
駅の北にある『木島坐天照御魂神社《このしまにますあまてるみたまじんじゃ》』は奈良時代に創建されたという古社。
境内には養蚕を伝えた秦氏ゆかりの『養蚕《こがい》神社』があり、一般には『蚕ノ社』と呼ばれている。
舌かみそう…
この神社の元糺(もとただす)の池にあるのが世にも珍しい『三柱鳥居《みはしらとりい》』
あれか…
上から見ると三角の形をしている。
京都の三大鳥居のひとつだそうだ。
へー
なぜ三角形なのかは…
「キリスト教の異端である景教の遺跡。」「〝希望〟〝信仰〟〝愛〟を表現している。」とか様々な説があるが不明。
「重ね合わせるとダビデの星になる。」
正直見ていて落ちつかない…
見慣れた物の異形ってイヤだな。
ソワ
ソワ
ちなみにこの奇妙な鳥居は各地にあるらしい。
長崎や徳島、岐阜や東京にもありマス。

珍名所⑱
天《あま》塚《つか》古《こ》墳《ふん》
さて、同じ『蚕ノ社』駅を反対に行くと、これまた京都人もほぉっっっとんど知らない『天塚古墳』があります。
嵐山駅のインフォメーションで聞くも、なかなかわからず。
えっ!!
~えーと…
MAP
この光景どこかで…。
住宅地を進むとぽつりと丘が。
ここ!?
神社みたいだけど?
お稲荷さん?
昼間なのに薄暗い山道(?)をぐるっとまわり…
人気まったくなし…。
たたたたたたたた
ひーーっ なんか怖い…
登って下ると
↑早足。
石室が。
ひんやり。
ひゃーーっっ!!
ごめんなさいごめんなさいっっ
↑何に?
霊感0の私ですがウスラ寒くてさすがに中には入れませんでした。
ここから早く離れたい…
この古墳は秦氏の墓といわれており、石室には伯清稲荷大神がまつられているそうです。
墓に神様??
ーってな感じで珍名所をいろいろご紹介しましたがいかがでしたか?
ベタな京都に飽きたら参考にしてみてください
ホスト
ならないと思います。
担当Y上氏。

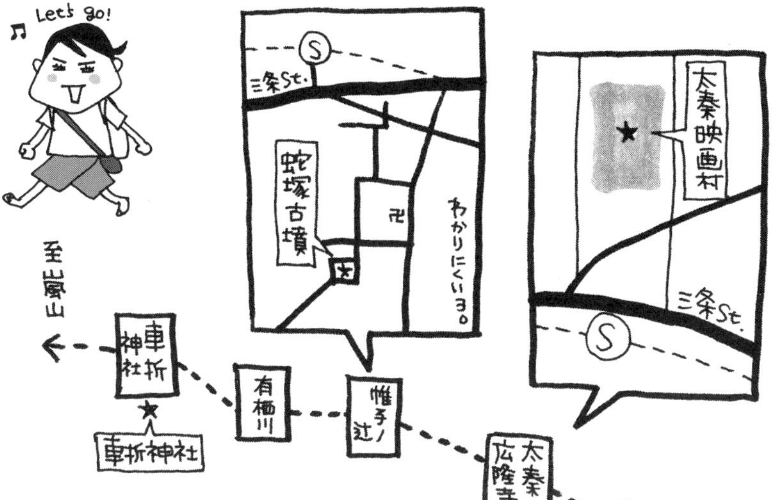
Let's go!
至嵐山
車折神社
車折神社
有栖川
帷子ノ辻
三条St.
蛇塚古墳
わかりにくいヨ。
S
太秦映画村
三条St.
S

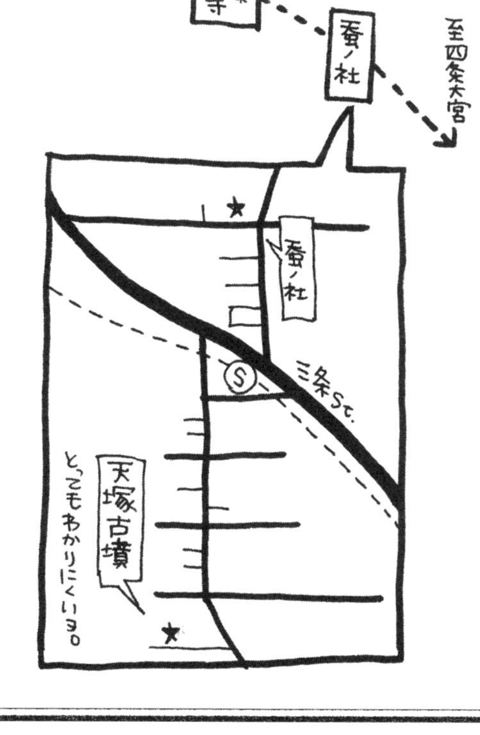
太秦広隆寺
蚕ノ社
至四条大宮
蚕ノ社
S
三条St.
天塚古墳
とってもわかりにくいヨ。

◉東映太秦映画村

【住所】〒616-8586
京都市右京区太秦東蜂ヶ岡町10
【電話】075-864-7716
【URL】http://www.toei-eigamura.com

◉蛇塚古墳

【住所】〒616−8153
京都市右京区太秦面影町

◉車折神社

【住所】〒616-8343
京都市右京区嵯峨朝日町23番地
【電話】075-861-0039
【URL】http://www.kurumazakijinja.or.jp

◉蚕ノ社〔木島坐天照御魂神社〕

【住所】〒616-8102
京都市右京区太秦森ヶ東町50

◉天塚古墳

【住所】〒616-8116
京都市右京区太秦松本町

カツヤマ勝手に認定
珍名所ツアー

珍

釘抜き地蔵さん

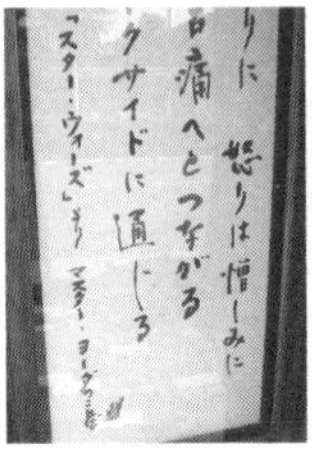
りに 怒りは憎しみに
苦痛へとつながる
クサイドに通じる
「スター・ウォーズ」より マスター・ヨーダの言葉

見えますか。ヨーダのありがたいお言葉が。

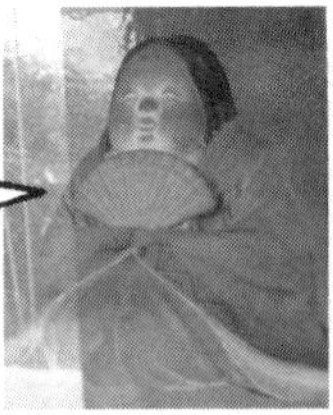
千本釈迦堂

おかめさんいっぱーーい!!

京都タワー

← これ、ほぼ全貌ですよ。値段の割にけっこー人気でした。

しかも近所の？
おばさん

地主神社
この巨大なぬいぐるみ…。
置くのやめたほうが
神社として格が
あがると思います。
必見!!
安井金比羅宮
これ…神様に
お願いするのって…
何か間違ってないか?!
船岡温泉
船岡温泉
サウナ
露天風呂
ココはホント!!
オススメだから!!
愛してます。
天塚古墳
ちょっと…マジで
怖りですよ。
行くなら
友達と行こうぜ!!

其の二十四 私の京都想い出スポット①

小学校1年生までは北区の衣笠に住んでいた。
ヘルメットカット
近くには金閣寺や平野神社、わら天神や北野天満宮がありました。
幼稚園の遠足で覚えているのが左大文字の登山。
左大文字はメイン(?)である左京区の大文字に比べると低くて小さい。
大
「大」の字のハゲた部分で遊んでいると…
ん？なんだこれ？
燃えた木片に何やら謎の文字が…。
なんかかいてある
園長先生に聞いてみると
これなんですかーー？
あら！すごいものを見つけたわねーー、

ふーん…これは宇宙人からのメッセージじゃないかしら…
うちゅうじん!?
ばびーーん!!
ひーっ ひーっ
うちゅうじんやってっ!!
大興奮!!
みせてーーっ
ブーーッ
送迎バス
ずだだっ
おかーさんっっ
おかえりーっ
みてぇっっうちゅうじんのかいたやつみつけてん!!
興奮冷めやらず。
へーすごいなー
しゅーーーっ
世紀の大発見に対する母親のうっすーーいリアクションにテンションだだ下がり。
今、思えばあれは五山の送り火で焚かれた「護摩木」…。
名前と病名を書く
無病
息災。
山田太郎
小さかったから漢字が読めなかったのね…
苦笑。
しかし園長…いたいけな子供にそんなウソついていいんですか!?
ちなみに燃え残ったものは「消し炭《けしずみ》」と呼ばれ半紙に包み水引で結んで玄関先に吊るすと「魔除け」「厄除け」になる。
↑銀閣寺周辺の民家でよく見られます。

その後左京区に引越し東西真逆の銀閣寺近くに住む。
こちらには如意ヶ岳の右大文字が。
ベランダから見える。
大
会社を辞め、イラストの仕事を始めて間もない頃…
超〜〜〜ヒマ〜〜〜
山でも登っとく?
たまに大文字登山に行っていた。
だいたい30分くらいで登れるので私にはちょうどいい。
フーーッ
大
ココの端に着く。
ビール
毎日登っているおじいさんなんかもいて
天気のいい日は大阪の方まで見えるんやで
登山競争では大学生が走って7分台で登るんや
いかにも健康
へーっ
プチ情報を教えてくれたり。
27歳の誕生日にも1人で登山。
自分に乾杯
※上に売店の類は一切ありません。登る前に調達しましょう。
初の連載の仕事の連絡を頂上でもらう。
京都の町を見下ろしながら。
嬉しかったなぁ…
幼少の頃に戻りますが桜の名所である〝平野神社〟では毎週土曜日に「こども会」なるものが開かれていた。

土曜日、学校から帰ると昼ごはんを食べ…
土曜はたいがい生協ラーメン(みそ味)
座りなさいっ!!
ノックは無用↓
生協ラーメンは「乾かして食べるとおいしい」とあみだした技。
我先にと平野神社へ。
ぴゅーーっ
兄→
「こども会」は立命館大学のお兄さんやお姉さんが近所の小学生相手にいろんなゲームを教えてくれるのだ。
そーゆーサークルでもあったのかな…
「ドロジュン(泥棒と巡査)」や「ゲッタ(缶蹴り)」や「坊さんが屁をこいた(だるまさんが転んだ)」をして夕方まで遊ぶ。
うわーーっ
兄達が神社の片隅を掘って何やら宝物を隠していた。
お前はくんなっ!!
8歳の時からイヤな奴。
バチ当たり
落とし穴に落とされたこともある。
ホントにイヤな奴。
ひぃっ
ズボッ
これ…京都ネタですか…?
編集者Y上氏。
それ言っちゃダメ。
次回もやるもんに。

其の二十五 私の京都想い出スポット②

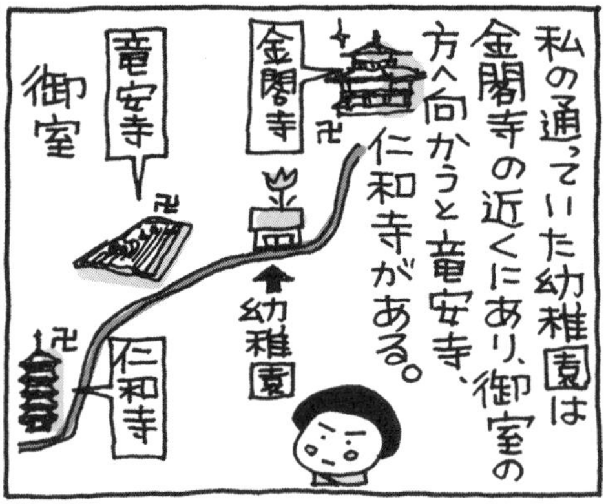

私の通っていた幼稚園は金閣寺の近くにあり、御室の方へ向かうと竜安寺、仁和寺がある。
金閣寺
竜安寺
御室
幼稚園
仁和寺

またまた遠足の話ですが仁和寺の御室八十八カ所巡りに行った。

この御室の八十八カ所巡りは仁和寺の西門を出た成就山に四国八十八カ所を小さくして再現した巡礼地。
各四国霊場から砂を持ち帰り各お堂に御本尊と弘法大師像とともにお祀りしている。
本家の四国八十八カ所巡りは約1200km、所要日数約50日ですが
このプチ八十八カ所巡りは約3kmで2時間ほどでまわれます
昔は四国へ行くだけでも一苦労だったしね。

いったい何が5歳の私を魅了したのかわからないがいたく感動(?)したらしく、母と弟を誘って後日再び巡拝することに。
つれてってー つれてってー
ナゼ…?
「景色がキレイだった」とか「道のりがつらかった」などの記憶はなく、唯一覚えているのは母の
まんまんちゃん あん しいや
という言葉。
「まんまんちゃん、あん」
関西では日常でよく聞く言葉。
まんまんちゃん あんしてきー
「神さん、仏さんにおがみなさいよ。」という意味。
やりかた
まんまんちゃん
あん!
「あん」は強めに。
パン!
語源はよくわからないが「なんまんだぶ」が変化したものらしい。
ちなみに天才漫才師の横山やすしがギャグで使っていたこともある。
まんまんちゃん あん
似てないナ…。
最初は一所懸命おがんでいくが(〝おがまないとたたられる〟という自分ルールの元に)だんだん面倒くさくなり途中からは
あん
あん
あん
手もなし。
と、かなり手抜きに。子どもはスグ熱中するが飽きるのも高速である。

話は変わるが、このように京都の主要な神社仏閣は幼い頃に親に連れて行ってもらったりするのでほとんど記憶に残らず
おすすめのお寺教えて！
京都
なんて聞かれてもいい歳して答えられなかったりする。
き…きんかくじとか…は…？
→そんなレベルを聞いてんじゃねーよ!!的メジャーどころでお茶を濁す。
京都人だからという理由だけで聞かないでくれ〜〜
中学、高校生時代に修学旅行でやってくる他府県の人のほうがよほど詳しかったりして。
ちなみに私の修学旅行は中学↓東京・富士五湖 高校↓福岡・長崎でした。
京都の公立高校の定番はスキー合宿だったけどネ
今は海外とかなのかしらん。
私の通っていた公立高校は歴史が古く
校門が瓦屋根でお寺の門みたいなのだ。
前身は明治5年に創立された日本初の女学校で担任の先生は
「昔の人に言えば『ええとこ行ったはんねんなぁ』と感心されるで」
とよくわからん自慢をしていたが、地元での知名度はダントツに低かった。
何生まれの人にだよ…
不便だったのは階段の段差がめちゃくちゃ低い。
私服。
一段抜かして登ると丁度よい高さに。

昔の女学生は着物だったので歩幅が小さく作られているのだ。
木の面は長い年月で擦り減り、波打っていった。
どんだけ古いねん…
つーかなおせよ…
「古い」しか特徴のない学校だったけどすぐ向かいは御所があり、反対側には鴨川が流れていて(サボるのに)環境はよかった。
御所でお弁当を食べる
御所は部活動にも利用。
女子バスケ部
御所の壁でパス出しの練習。
運痴の私はマネージャー
パス
パス
失敗すると…
ポン!!
あ!!
ボールがセンサーにひっかかり…
チーン
目には見えない
警備の人がソッコーでかけつける。
コラー!!
こんなとこでやったらあかんー!!
御所のセキュリティは厳しい。
スイマセン…
当時は
つまんねー学校選んじゃったなあ…
オイ
と不満だらけだったが
今思えばそれなりに楽しかったなあ。
夜学校に忍びこんで大文字の送り火を観賞。

子どもの夏の想い出は
地蔵盆。
8月23・24日、
町内のお地蔵さんを祀る。
前にゴザを敷き、
町内の子どもが集まり
1日中遊ぶ。
トランプなど、いつもと
変わらない遊びだが
外でやるという特別感が
たまらない!!。
お菓子セットをもらったりスイカ割りしたり
福引き(メーンイベント)したり大興奮の2日間!!
こんなに楽しいイベントが
京都だけだと知って
「京都人、めっちゃ得やん!!」と思った。

其の二十六
祇園祭レポート①
ここへ(26回目)にしてようやく祇園祭ネタ。
だーってだーーって
全然知らないんだもん♡
祇園祭といえば?ヤキソバ??
ぐおおおおおっまつりだあああっ
なんつって
岸和田っ子のように「祭り」でアドレナリンが大放出されることもなく…
オレ、明日からだんじりの練習あるからしばらく休むし!!
大阪の友人。→
輩
街中に流れるコンチキチンのお囃子(テープ)を聞いて
そーいや祇園祭やなー
と、思うくらいの低ーーいテンション。
コン
チキチン
あとは
巡行が終わればもっと安くなるゾ!!
SAL
30%OFF
バーゲン再値下げの目安ぐらいにしか意識せず。

京都人ヒエラルキー
まぁ私が下級京都人だからなんですが…
えへ
代々中京区に住む人
代々京都に住む人
ただ単に京都に住んでる人
ここの純京都人にとってはとーーっても大切なお祭りです。
むしろ祭り系イベントには腹立ちすら覚えることも。
このバスは御池通りを右折して…
ええっ!? なんでそっち行くの!?
ブロロ…
目的地のはるか手前で降りるハメに。
そうか…今日時代祭があるんや…
コスプレで大行進!!
仕事帰りで電車に乗れば…
疲れた～
!
うかうか
浴衣が車内占拠!!
うかれ
大文字の送り火か…
楽しいヤツは立っとけっつーの
げんなり。
イベント中はうかうか飲みにも行けない。
今日はご予約の方でいっぱいで…
人ゴミも大嫌いなので祇園祭は高校生の時に初めて行ったっきり。
ぎゅう
死ぬ…
もう2度とくるまい…
ぎゅ
当然今年も行く気などサラッサラなかったのだが…
ボク行ってみたいです!!!

という担当Y上氏につきあい15年ぶりに行くハメに。しかも期間中
大型台風大接近!!
どっしゃああああっ
雨男。
大雨の中、シブシブ山鉾見学。
こんな日にゲタやてー
けけけ…
やー
こうなったら浴衣の人を笑うほか楽しみなし。
とりあえず一番人気の長刀鉾を見に行く。
長刀鉾は鉾巡行の先頭。もともと男性の祭りである祇園祭。最近は女人禁制でなくなってきているが、長刀鉾だけは女性は登れない。
ちぇー
生身のお稚児《ちご》さんが乗るのは現在はこの長刀鉾だけ。（他の鉾は人形）
お稚児さんは祇園祭の生き神様。八坂神社から長刀鉾町へと養子に出され神の使いとして儀式を行う。
どーうやったらお稚児さんになれるんですかね
立候補はできないみたいっスよ

年頃の男の子がいる家に突然連絡がくるらしい。
京都の由緒ある家の子しか選ばれないんだろーケド
中京の商家とかで
女性は手伝えないので選ばれた稚児家の父親は約2ケ月、仕事を休まないといけない。
2ケ月も!?
たくさんの儀式をこなさなりとなんないしねー
・結納《ゆいのう》の儀
・理髪《りはつ》の儀
・お千度《せんど》の儀
・吉符入《きっぷいり》の儀
・清祓《きよはらい》の儀
・曳初《ひきぞめ》の儀
…etc…
ズラーーーッ
2ケ月も仕事休んだら生活やってけませんよー
スゴいなーっ
何言ってんのそのうえ費用も2千万円ほどかかりますのえ
あまいわねっ
2千万!?!!
Y上家破産じゃーっ
うち女の子でよかったーっ!!
あんた東京の人でしょーが。
たのんでねーーよ。
巡行の日まで来客のために毎晩宴会。何十人と会食して飲みに行って…を全部稚児家がまかなうのだ。
どんちゃん
勝新かよ…
それでも我が家からお稚児さんを出すことは純京都人のステータス!! ちなみに女の子なら葵祭の"斎王代《さいおうだい》"が憧れの的。
あ…稚児話で終わってもた…
前半のアンチ祭り話カットしろよ…
もうっ
つづく

其の二十七
祇園祭レポート②
蘇民将来之子孫也
放下鉾
引き続き大雨です。
ザアア…
ああ… もう 帰りてぇ…
動く美術館といわれる山鉾だけど装飾が外されていたり、ビニールがかけられていたりしてイマイチ豪華さを味わえず。
まーこの雨だしなー、
たいして思い入れはないクセに、よそさんには一番いい状態を見てほしいと思ってしまう。
ホントはもーちょっと見ごたえありますのよ…
パシャ
Y氏
パシャ
それでもひと通り見てまわる。
見所は四条室町
室町通り
菊水鉾
月鉾
四条通り
函谷鉾
鶏鉾
東西南北どちらを向いても鉾が見えます

鉾のひとつひとつに違った装飾やいわれがあるんですねー
フーン
ちまきのご利益も山鉾によって違うんだってサ
ちまき？
祇園祭に欠かせない厄除けちまき。いくつかの山鉾の会所で400円～1000円で売られている。
蘇民将来子孫也
菊水鉾
ちまきや護符を買うと山鉾に乗せてもらえるところもあります
…なんだ…食べられないのか…
ぐぅ…
これはお守りとして家の門に1年間吊しておくのだよ
郭巨山《かっきょやま》は金運開運か!!
ボクにはっコレだな!!
厄→
私も厄除けにひとつ買うべきか…
鯉山《こいやま》は出世・開運
鯉山
放下鉾《ほうかぼこ》は疫病除け
保昌山御符
蘇民将来子孫也 放下鉾
保昌山《ほうしょうやま》は縁結び
黒主山《くろぬしやま》では食べられるちまきを限定販売しているそうな。
人気なのでお早目に！

なんでちまきなんですかね？
端午の節句じゃあるまいし。
？？
フフフ
それはね…
って今回初めて知ったんだけど…
八坂神社の祭神、スサノヲノミコトが一夜の宿を求めたところ、裕福な巨旦将来《こたんしょうらい》は断り、貧乏な蘇民将来《そみんしょうらい》は温かくもてなした。
ダメ!!
後に行疫神《ぎょうえきじん》となったスサノヲノミコトは蘇民の子孫を疫病から守ると約束し、その印に茅萱《ちがや》の輪（※）を腰につけさせたというのがちまきの起こり。
※ちまきは昔、茅萱の葉で巻いていた。
なので各山鉾のちまきには
蘇民将来之子孫也
と書かれた札が添えられている。
各山鉾には他にも手ぬぐいや扇子などのオリジナルグッズが売られているのでお土産にオススメです。
見てまわるだけでも楽しいけどね。
月鉾
500円くらいから。
あ！屏風祭やってる!!
見に行くべー
7月の14日〜16日まで山鉾町の旧家や老舗で美術品を一般公開する屏風祭。

普段はオクユカシイ京都人がここぞとばかりに財力を披露!!
見てーっ!!
松坂屋
軒先には人だかりが。
ワラ
ワラ
家宝の屛風や掛け軸、鎧などが表の間に飾られる。
昔はもっと多くの町家でやってたらしいけどねーー
これだけの美術品を個人で管理するのは大変だろーなー
町家の中を見られるのもおもしろいですねー
奥に深いなー坪庭が見える…
私、初めて見たわ✧
32年目にして。
ええっ!?!
「屛風祭」自体数年前まで知らなかったし…
宮尾登美子の小説で存在知ったしネ♥
こいつ…なんぼほど京都人レベル低いねん…
そんなもんです。
誰か案内役代わってやって〜!!
つづく

其の二十八
祇園祭レポート③

日も暮れてきてお腹も減ってきた2人。
いーかげん…
ザァァ…
ごはんでも食べに行きましょうよ…
もうぬれるのイヤっス…
おーっっ いーですねっ
せっかく夏の京都だから鴨川の「床」に行ってみたかったんですけど…
この雨じゃあねーーっ
こいつは
こいつは完全に京都をなめてらっしゃる。
残念ー
雨だからだとかじゃないんです。祇園祭の日にフツーの店でも予約でいっぱいなのに「床」って…「床」ってアンタとびこみで入れるとでもお思いで？

2週間前
いやいや、今に始まったことではありません。
プルルル…
ボク祇園祭見てみたいので京都に行こうと思うんですけどー…
はあ?
もう7月入ってんですけど…
今から宿とれないって!!
あの…泊まるところは…?
1人だしなんとかなると思うんですよねーっ
はぁ…そースか…。
テキトウ。
次の日
ぜんっぜんっ宿あいてないんですよーっ!!
うん。ごめん。それ知ってた。
ーで私の家に泊まることになりますた。
確信犯でもなさそうだしナ…。なめてんのね。京都を。祇園祭を。
1泊なのにスゲエ荷物。
今回雨で人出も少なめだからスゴさを見せつけてやれないのがちょっと悔しい…。
ちえっ
思いしらせてやりたいのに…
さて「床」のお話ですが
納涼床《のうりょうゆか(どこ)》といい
鴨川だと「川床《かわゆか》」、貴船や
高雄では「川床《かわどこ》」と読む。
鴨川では5月1日〜9月30日
まで鴨川沿いの店が川面に
木組みの床を設け
そこで食事を楽しめる
ようになる。

この京都の夏の風物詩「納涼床」。
私も4回ばかし行きましたけどね…
床を希望すると「床料」を取られたりコース料理のみの注文となる店が多く…
まぁご想像どおりでしょうが割高です！
The★観光客用か!?
ある夜なんかは風がまったくなく…
納涼のはずが暑い……
下を流れる鴨川から引いた溝の水がくさかったのを覚えている。
細い川が下に
うち～～セールストークなしですか…
まぁ雰囲気ですわ。雰囲気を求めて行かはったらよろし。
昔は京料理屋ばかりだったけど最近は中華や洋食も楽しめます。
5月、9月はランチもやってまーす♥
めちゃんこ暑いけどね♥
店に入らなくても鴨川の河原を歩けば店や床の明かりに照らされて風情を楽しめるのでおすすめ!!
なぜか等間隔に座るカップルも鴨川沿いの河原の名物なので必見!!
ホントキレーに等間隔…

うふふ♥
中には男同士のカップルもあったりして…
まーねーっ
私は女の子にせまられた思い出があります
あん時はこわかった。
京都人の青春は鴨川とともに。
ひゃあっ
さて…いよいよ雨も風もキツくなってき…。
ごおおおっ
担当Y上氏は翌日に東京へ帰れないとヤバいらしく(家庭が)急きょ帰ることに。
今なら新幹線動いてるし…
嫁との約束が…。
うわーー…京都に日帰りで来るん初めて見たーー。しかも自腹で来てんでしょーー??
なにしに来たんだか。
だって…嫁が…
えぐっ
えぐっ
これ、お母様にお渡しください…
一宿一飯のお礼ナウイ東京のお菓子。
さっ
ああ…こりゃどうも…
良心が痛むぜ…。
ズキッ
なぜなら
Y上氏に京都の洗礼を受けさせるべく"逆さぼうき"と"ぶぶ漬け"を用意していたからだ。
どちらも「早く帰れ」の意
母
ちっ
こうしてY上氏は台風と共に東京へ帰って行った。鉾巡行を見ることもなく…。
つづく

其の二十九
祇園祭レポート④

前回は「全然祇園祭に関係ねーじゃん‼」的なツッコミもありましたが…
やっぱバレた？
エヘ
今回はまともに祭りのメイン"山鉾巡行"のお話です
京都人としては一度は見ておくべきでは⁉と思いつつ…。
OL時代の出勤途中
うわっ
もう場所取りしてる‼
まだ7時前やで…
毎年観光客の熱意にくじかれてきたのであります。
いいの…だっていつでも行けるも～～ん
この「いつでも行ける」がクセ者。この考えが地元人を観光名所に向かわせない。
先日、下関に行った時も…
私、巌流島初めて来たわ～
下関在住50年の親戚
ええっ⁉
しかも岸和田だんじり祭みたくスピードやスリルがあれば見に行きたくもなるが…
壊される家
ドガン！

祇園祭…なんか辛気くさそう…。
コンチキ
チン
しずしず…
……。
なんせ32基もの山鉾があって2時間もかけて通過するんだからなー
しかし今回はレポートのため!!行ってまいりました!!
7月17日
カッ
大雨男・担当Y上氏の去った京都は快晴です!! おふくろさん!!
午前9時すぎ四条堺町で〝くじ改め〟が始まる。
〝くじ取り式〟で決めた巡行順を奉行役の市長が確認する儀式。
各山鉾の町行司
奉行役
先頭の長刀鉾やしんがりの南観音山など8基は順番が決まってます✧
〝くじ取らず〟という。
もう全っ然見えん!!
お稚児さん
そして先頭の長刀鉾による〝注連《しめ》縄切り〟が四条麩屋町で行われる。
四条通りをまたいで吊るされた注連《しめ》縄をお稚児さんが太刀で斬ることで結界を解き、山鉾は先に進むことができる。

つ…次の辻回しスポットに行かねば…
ぎゅう
ぎゅうぎゅう
ろくに写真も撮れず。
止まって見る人々。
山鉾に合わせて移動する人々。
ぐええぇ〜え
※四条通りの歩道はもともとかなり狭い。
暑さと身動きのとれない状況にイライラしてケンカしている人も。
あんたねぇ
気持ちはわかるが…
必死の思いで数十メートル先の四条河原町の交差点へ。
予想通り見えませーん
イエーイ
人垣の向こうでは山鉾巡行の見所である"辻回し"がっっ!!
割り竹を車輪の前に敷く。
直進しかできない構造の鉾を割竹に水をかけ滑らせて回す。
おおおおおっ
歓声だけが…。

上の方が動くのだけを
埋もれながら
眺める私…。
グラグラ
"山鉾巡行"初参戦にして得た教訓。
『ポイントを移動するな』
見所はいくつかあるが1つに絞るべし!!
移動したが最後、人の波にのまれて藻くずとなります。
あづい〜っ
しぬ〜っ
うお〜っ
もう鉾はいいから抜けだしてえ〜っ
ゆっくり見たい人は御池通りの有料観覧席を予約しましょう…
3000円くらいで全席指定。
なかなか取れないかもしれませんが…。
7月1日の"吉符入り"から"山鉾巡行"を経て31日の"夏越祭《なごしさい》"で祇園祭は終わる。
夏越祭
参拝者は八坂境内にある「疫神社」に作られた茅の輪をくぐり、厄気を払う。
さて、「レポートのため!!」と苦手な人混みに耐え、資料写真もたくさん撮ったのだが…。
あれ…
ない…。
翌日、デジカメを紛失したことに気付く…。
こうなってしまっては父がいつのまにやらデジカメに貼っていたネームシールは何の意味があったのか…。
テプラサイコー!!
勝山
↑
勝手に…
信心なく祭りに参加したのが神の怒りをかったのかも。
やっぱり厄除けちまき買っときゃよかった…

今だにやるよ。
このての失敗。
こんど呑みに行こー♥ 何日する？
16か19かなー
じゃ、16で！予約しとくわ！
16日はもうご予約の方でいっぱいです…
ああっ
そうか!! 宵山かっ!!
友だちも忘れてるし。
雨の祇園祭
32年目にして初めての屏風祭。
中はこんな感じ。
2007
大雨の宵山はさすがに人もまばら…。

其の三十
東京の京都人
つ…ついに最終回…。
今まで読んでくだすった皆様…ありがとうございました!!
そして…そして…
ぼくへのねぎらい?
担当Y上氏
私、実は東京在住なのでえすっっ
すいませんっっ!!
言っちゃった!!
連載開始当初は京都以外で暮らすなど露ほども思っていなかった。。。
29歳独身 彼氏ナシ
立てひざで毎晩ビール2ℓ飲んでも誰にも文句言われないの♥
くすくす
ところが降って湧いたダンナとの結婚話。東京に住むことに。
どさっ
東京…か…
人様より多少脂肪をお持ちであること以外完ペキなダンナだが… 東京…東京へ行かねばならないのですか…。
正直、それだけが不満であった。

アグレッシブな10代の頃ですら「東京へ行きたい」などと考えたこともなかったのに。
卒業したら絶対東京へ…
私東京で就職決まったでー!!
えー!! ええなー!!
ふーーん
いいか…?
大阪の専門学校の友だち
今さらコンクリートジャングルに住まねばならないのですか。
30歳
何度も言いますが京都人てほんっと男女問わず京都を出ないんです。
つーか小学校区域を出ない…
そーいや○○君は東京…連絡とってみよ…
さっそく仲間探し。
あ、もう京都戻ったんや…
え? ○○ちゃんも帰ってきてんの? そう…
そして出ても再び舞い戻る率高し。
都会の水は冷てーよー
しかしこれを逃せばシングル街道まっしぐら!! もう犬飼っちゃいますっ!! 状態になりつつあったので…
い…いきますっ!!
ひぃぃ
嫁に!! 東京に!!
そしてはや2年。
いまだ完ペキに関西弁。
だって外部とほとんど接触ないんだもーん!!
わーーん!!
なーなー これクリーニング出しといてくれへん?
熊 代
家では関西弁のダンナ(大阪出身)

わざわざスカパーに入り『探偵ナイトスクープ』『明石家電視台』『吉本新喜劇』など関西ローカル番組を録画。
いーねー桂小枝!!
しかも2ケ月に一度は仕事で一週間ほど京都に帰るので全然江戸ナイズされない。
おーい帰ったぞー!!
パーン!!
また…?
関西弁が抜けないので外で話すときも一瞬ためらってしまう。
ちゃうねん!!
……。
はっ
声大きかったかな?
とくにエレベーター内
打ち合わせで
そうですね
○○○ですか?
敬語を使ってる限りは出身なぞバレないと思いきや…
関西ご出身ですか?
即バレ。
えっ!! わかりますか!?
このイントネーションがすでに関西弁(らしい)。
んで聞かれてもないのに
京都です
えーっ いいですねーっ
エヘン
なんつってうらやましがられるかと思い強調してみたところ…
えーーっ!!

私、毎年都をどりを観に行くんですよーっ
あの小皿集めてるんですーー♥
京都人なら当然知ってること前提話。
あの小皿？なにソレ？
あ…そうすか…へー…。
もちろん知ってるフリ。
どっ
へーー…都をどりで出される和菓子の皿ね…持って帰ってもええんかー…
ははは
そして後で調べる。
こんな私でもそのうち東京人らしくなれるのかな…。
ねーだよねー
いーじゃんいーじゃん
なれんじゃね？
練習。
熱～いお風呂もスキになれるのかな…。
江戸っ子でいっ!!
てやんでいっ
子どもはバイリンガルになるのかな…。
そーだよ
東京弁
そーやねん
関西弁
いずれにしても
「いつかまた京都に住みたい…」と願う東京の中の京都人なのでした。

おまけ
東京って「うなぎ屋」と「そば屋」がやたらとありますね。
ジ
おおっ蒲焼きのいい匂い♥♥
それにひきかえ「うどん屋」の少ないこと…。
うどんが食べたい時は家で作るか「はなまるうどん」へ。
ずぞっ
「はなまる」は讃岐だけどね…
あと寿司屋で「玉子」が甘すぎなのと「はまち」がないのが寂しいです。
お菓子みたい…
かんぱちなら…
そして関西なら掃いて捨てるほどある「餃子の王将」。もっと東京進出してもいーんじゃないスか？
東京に限らないと思いますがバス停で並んで待つのはいいですね！
京都はバスに限り並びません。
ムッ
ブーちゃ
ブーちゃ
私の方が先に待ってたのに!!

おわり

あとがき

住んでいると、その土地の名所旧跡などには
あまり足を踏み入れないのではないでしょうか。
私も「いつでも行ける」にあぐらをかき
京都にある、たくさんの文化財を見ずに過ごしてきました。

29歳のとき、月刊誌『小説推理』でこの連載をいただいて、
自分の京都に対する引き出しの少なさに愕然。
何も書けない状態で、これではイカン！ と、慌てて調べ出すも、これまた愕然。
一朝一夕で知り得るようなものではなかったのです！
鰻の寝床のように奥深いぜ！ 京都！

連載の最初の方こそ頑張って文化を語って(るつもりで)いますが、
もう、後半はやりたい放題(笑)。
知識はないが、京都に対する愛だけをたよりに？ 描いています。
一見、こき下ろしているようなところもありますが
これもすべては京都に対する「愛」からなのですよ!! なんてフォローしてみたり。

しかし、四苦八苦しながら描いたものが
こうして一冊の本になるなんて……月並みですが夢のようです。
おまぬけキャラゆえに連載中もたびたび登場してくださった迷編集者・Y上さん、
短い期間でステキな本にしあげてくださったデザイナーの鈴木さん、
ネタのきれた私をツアーに連れて行ってくださった島田さん、取材先の皆様、
そして、すばらしいコメントをくださった山本さん、宮下さん、西上さん、
本当にありがとうございました！

そして最後に、この本を手に取ってくださったあなた！
本当にありがとうございます！
この本を読んで、京都に対し良くも悪くも、今までと少し違った
見方をしていただけたら幸いです。

カツヤマケイコ

1975年生まれ。
某百貨店のデザイン室に5年間勤めたあと、
フリーのイラストレイターに。
主に女性誌や実用書などで活躍中。
京都に生まれ30年間も暮らしたのに、
京都についての知識はよそさん並み。
もしくはそれ以下…。
なのでこのマンガの執筆が、
京都を知るよい機会だったという。
この本が実質初めての著書。
http://www.keicomix.com/

○この作品は『小説推理』05年9月号〜08年2月号に連載された
「問う京都!!」を加筆修正したものです。

千年の都は発見がいっぱい!
京都タワーで朝風呂を
2009年9月6日　第1刷発行
2009年10月26日　第3刷発行

著　者　カツヤマケイコ
発行者　赤坂了生
発行所　株式会社双葉社
〒162-8540　東京都新宿区東五軒町3番28号
[電話]03-5261-4818(営業)　03-5261-4831(編集)
http://www.futabasha.co.jp/
(双葉社の書籍・コミック・ムックが買えます)

印刷所　三晃印刷株式会社
製本所　株式会社 川島製本所
担当編集　山上輝代範
デザイン　鈴木 徹(THROB)

[電話]03-5261-4822(製作部)
ISBN 978-4-575-30159-5 C0095